Après, Fred Chichin est mort

Ouvrages de Pascale Clark

Tout le monde fait l'amour
Albin Michel, 2001

Merci de votre attention
Albin Michel, 2003
et « Le Livre de poche », n° 30315

PASCALE CLARK

Après, Fred Chichin est mort

ÉDITIONS DU SEUIL
*27, rue Jacob, Paris VIe*

ISBN 978-2-02-097691-6

www.seuil.com

À Jo, à Bruno, à Caro, à Nico.
À Frania.

16 MAI

19 h 55. Cannes, grand théâtre Lumière.

Jude Law est derrière moi. On joue dans le même film : « La cérémonie d'ouverture. » Décidément. Nicolas Sarkozy a été élu président de la République il y a 10 jours, Jacques Chirac lui a passé les pouvoirs il y a 8 heures, je t'aime depuis 6 ans. Toi aussi, tu me le dis et tu me l'écris tout le temps. Jude Law derrière et bientôt Jude Law devant. Il joue dans le film d'ouverture. Il est invité à la projection d'ouverture.
Le nouveau Wong Kar-Wai va commencer, il suffit qu'une bouche impeccable déclare ouvert le 60e festival de Cannes.

My Blueberry Nights, belle bluette, dit déjà la rumeur qui fait semblant de savoir des choses.
Le cinéma a ceci de supérieur à la vie qu'en cas de chagrin d'amour, c'est Jude Law qui vous console.

11 h 56. Paris, salle des fêtes du palais de l'Élysée.

De son pouce droit, Nicolas Sarkozy essuie une larme au coin de l'œil gauche de Cécilia. Peut-être que le geste crée la larme, on ne sait pas, sauf eux deux. Il souligne par deux fois, pour elle ça se voit la deuxième est de trop.
« La réalité n'a aucune importance. Il n'y a que la perception qui compte », avait lâché le jeune chef de cabinet Laurent Solly pendant la campagne, cafté plus tard par Yasmina Réza qui a fini par danser un slow avec le sujet de son livre sur une chanson d'Enrico Macias Toi Sarko, tu m'as pris dans tes bras. Tous semblaient s'offrir une bien belle

bamboula. Faux raï, faux rap, Faudel et cetera, aux quatre coins du pays, ils s'éclataient comme un samedi soir en boîte.

Depuis Mireille Mathieu à la Concorde, artistiquement, on avait touché le fond. On venait d'en prendre pour cinq ans de mauvaises chansons, la bande-son du baloche promettait de vriller les tympans, ça n'était pas qu'une impression.

Laurent Solly ne travaille plus depuis avec Nicolas Sarkozy. Un tour de passe-passe plus tard, il était passé à TF1. Il y dirige le digital. La présidence sera numérique, une projection d'images, les faits au Photoshop. La présidence sera minérale, de la sueur, des eaux, des larmes.

10 h 25. Paris Nord.

Je t'ai dit : « À demain, mon amour. » Je m'étais levée trop tôt. On a ri, j'ai failli oublier ma tenue de soirée en apnée dans sa housse.

Je n'allais pas à Cannes de gaieté de cœur. Je n'espérais pas me faire plaindre avec une telle obligation. Bon, j'y vais.

Un temps poisseux fait briller les trottoirs de Barbès. Au plafond, un ciel surchargé pressé de se soulager. Les bouchons, dès en bas de chez moi. Les klaxons et le tintamarre. Le taxi, sa route d'embarras vers Orly. Je n'étais pas rendue, là où je n'avais pas envie d'aller.

Ailleurs dans la ville, les invités de la passation convergeaient vers l'Élysée, encombrants et prioritaires. La météo avait certainement bouleversé les belles tenues prévues mais ils ne devaient pas être très nombreux à bouder leur joie. Depuis le soir de l'élection, on disait « faire sa Cécilia ». Le même dimanche nous avait montré Ségolène hilare, les crises de nerf étaient spectaculaires.

Je tournais le dos à l'Élysée et tombais sur le visage de l'élu au dos de chaque kiosque. Ce type venait d'investir ma vie pour au minimum cinq ans. Et ça m'ennuyait d'envisager qu'à la fin de la journée, j'aurais passé plus de temps avec lui qu'avec toi.

Je ne te voyais pas assez en ce moment. Je ne crois

pas te l'avoir dit, maintenant que j'y pense. Chaque jour qui passe il faudrait défaire la poussière. Me rattraper, dès que je pourrai, dès demain soir.

On a récupéré les quais, gagné en fluidité. Nicolas Sarkozy s'éloignait, toi aussi, et au milieu s'étalait la Seine. Derrière la vitre, la grisaille défilait en un long travelling.

Le sommeil me gagnait quand le chauffeur a branché France Info. Nicolas Sarkozy venait de quitter ses bureaux provisoires de la rue Saint-Dominique pour l'Élysée.

12 h 20. Orly.

La file d'enregistrement se gargarise déjà de la robe ivoire de soie Prada. On n'a pas tardé à en signifier publiquement la marque, peut-être que l'étiquette était restée dessus.

Je suis cernée de gens avec des housses, j'ai la même, admise au club. Les prochains pingouins trompent l'attente en commentant l'autre tapis rouge, (« Cécilia était très belle »). Ils sont sur le coup, sont invités à Cannes, ont un avis sur tout, cancanent au fil des occurrences.

Un débrayage du personnel au sol ralentit les navettes, l'air outré des importants ne fait pas accélérer la cadence. Quelques pancartes sont brandies dans l'indifférence générale. Le premier mouvement social sous Sarkozy ne restera pas dans les annales. N'empêche, on n'enregistre pas.

Bien que compacte, la queue transpire l'ouverture. Des notoirement-estampillés-à-gauche semblent prêts à succomber d'un moment à l'autre. On a déjà quarante-cinq minutes de retard, je parle de l'embarquement.

Je m'isole sous iPod, j'ai ma dose d'eux.

Ces temps-ci, je me cognais aux ralliements alentours, j'aurais pu palper les vestes qui se retournaient, la pandémie menaçait. Les petits Besson, Kouchner, Bockel pullulaient, décomplexés de passer à la concurrence et de le justifier. Inspirés par l'exemple venu d'en haut, ils tombaient en dominos à tous les étages.

Les victorieux avaient mis le paquet il faut dire. La moindre fragilité orgueilleuse avait été ciblée, on sentait le terreau de l'humiliation sous les talons des transférés. Enfin on les regardait ! Les seconds couteaux se découvraient rutilants. Chacun prétendait au possible, le pouvoir, à qui le tour ?

« Madame, c'est à vous ! » une voix de reproche s'immisce en riff dans les syncopes de Bob Marley. Je rejoins le comptoir à la vitesse rasta.

Je ne veux pas me faire fouiller, au corps si ça se trouve, je ne veux pas vider mes poches, je ne veux pas me faire confisquer mes larmes artificielles, je ne veux pas me sangler et voler, je ne veux pas devenir un point à travers un hublot puis un corps collé au siège. Je ne veux pas connaître l'impact de la carlingue qui se crashe, je ne veux pas foncer sur la tour Montparnasse. Surtout pas, double peine, y'a de l'amiante.

Je commence à remarquer ma respiration, je vais prendre l'avion sans ma main dans ta main au décollage.

20 h 05. Cannes, palais des festivals.

Sur l'écran, Norah Jones me fait face en gros plan, gonflée de larmes. Le blues est carabiné. Wong Kar-Wai l'a piochée dans le jazz, premier rôle au cinéma, déjà morveuse, elle ne semble pas inspirer la joie.

Je ne sais rien d'autre du film, on m'a prise en charge depuis l'aéroport. Voiture officielle, la chaleur soudain, les palmiers qui dépaysent. L'arrière-pays, un avant-goût. Le palace sur un plateau, de vagues vedettes aux valises Vuitton dans l'ascenseur avec concierge. La carte magnétique qui délivre la porte, balcon sur la bleue et peignoir moelleux. Mon amour au téléphone, deux minutes à peine, on tape à la porte, le retard de l'avion, et toi, ça s'est bien passé, le temps de rien, je t'embrasse, à plus tard.

Le maquillage attend alors aller au maquillage. Offrir son visage aux crèmes aux pinceaux aux

crayons aux couleurs, se découvrir sublimée et quelqu'un d'autre. Coiffure, non merci, pas de laque. Remise de badges et d'invitations avec un air de conspiration, on dirait les dealers de Barbès, Subutex, Subutex. Interview, « si le festival de Cannes était une couleur ? » (Noir et blanc me viennent en tête.) « Noir et blanc. » « Pourquoi ? » (C'est le problème du grand journalisme, il faut justifier.) « Noir pour la nuit et la valeur sûre, blanc pour les possibles et la fausse innocence. Noir et blanc pour l'époque où le festival préférait Marcello Mastroianni à L'Oréal. » (Je sens bien que, finalement, la réponse est un peu longue.)
Photo pour la presse, « on a pensé à une mise en scène ». Des autobus passent à Cannes. Sauf festival quand les arrêts de la Croisette ont l'air de décor de cinéma. Perchée sur mes talons incertains, décalée par le voyage et la moiteur nouvelle, engoncée dans la tenue sortie de la naphtaline, séparée du réel par un fond de teint épais comme un parpaing, je regarde le photographe qui me demande de le regarder. Tout est normal.
En voiture vers l'épicentre écarlate, le cortège officiel, lent comme un enterrement. Les marches, et

l'on m'a posée là, dans ce fauteuil rouge, je n'avais plus qu'à sourire.
Des heures en pilote automatique où il suffisait de consentir.

18 h 28. 250 mètres de bitume à Cannes.

Soudain je suis assise à l'arrière de cette voiture aux vitres un peu teintées roulant au pas sur ce minuscule bout de Croisette. La lenteur me donne la nausée. On avance à l'étouffée, par à-coups, l'air climatisé est irrespirable. La procession stoppe sans cesse, quand s'ouvrent les portières, des paires de jambes apparaissent les premières.
Nous n'y sommes pas. Les marches pointent au loin, les jambes ne paradent qu'en retransmission sur un immense écran vidéo.
Derrière les palissades où s'entassent les ordinaires, les têtes se tordent sur la pointe des pieds pour

arracher quelques miettes du spectacle. Les appareils photo numériques se nourrissent à l'aveugle. Tous veulent voir en vrai ceux qu'ils ont vus à la télé, les voir en vrai et les capturer pour montrer qu'ils les ont vus en vrai. Les anonymes rêvent de célébrité, les célèbres rêvent d'anonymat. Les barrières semblent infranchissables.

Ils défilent au ralenti ces visages inconnus qui cherchent à déchiffrer le mien. Je ne veux pas qu'ils me regardent, je tourne la tête vers la mer.

Dans la foule comme une forêt, se trouver nez à nez sur un malentendu et se reconnaître. Je n'avais plus vu que toi, une silhouette en détouré, les autres s'étaient fondus dans le paysage. Ton visage pour horizon, toutes tes attentions. Tu montes l'escalier quatre à quatre. Je vois ça tandis que se profile le tapis rouge, tu rentres un peu tard, je t'appelle depuis là-haut, je ne dors pas, tu démarres au quart de tour, tu envoies valser ta besace et ton manteau et je t'entends gravir en courant les marches vers moi. Là-haut, j'adore.

20 h 07. Cannes, palais des festivals.

Norah Jones est en train de découvrir la trahison, elle n'en croit pas ses yeux. Je le vois bien, l'écran m'arrive dessus, je suis au premier rang.
En bas d'un immeuble new-yorkais, le regard levé vers une fenêtre qu'on ferme comme on décapite, elle réalise qu'elle est passée du mauvais côté. L'autre avec une autre. Premier avion. Ils s'embrassent. Second avion. Elle s'enfuit sous les gravats.
Et moi, lovée dans le velours rouge, les talons aiguilles enfin libérés, je me prends la catastrophe de plein fouet. Je ne suis plus à Cannes, je ne suis plus déguisée, je ne suis plus cernée de magnifiques, je ne fais plus semblant, je compatis sans fards. Mon maquillage va morfler.
La personne qu'elle aimait le plus au monde vient de changer de film.
Pour un peu, j'entrerais dans l'histoire pour une petite retouche scénaristique :

Écoute-moi, Norah, je sais que tu n'arrives pas à y croire, d'ailleurs, tu y crois encore. Je sais, c'est humain, il faut que tu t'habitues, à l'idée, à la réalité nouvelle, je vois bien l'écroulement, je vois le gouffre, mais promets-moi d'essayer un de ces jours, dès que tu pourras, Norah, tu n'espères pas. Ton adoucissant, c'est du poison. Même si ton amour regrette et revient, te supplie, te tente, te touche, toujours tu sentiras la fêlure sous ta main. Sans compter qu'on n'en est vraiment pas là, Norah, pour ce que j'en vois. Je te rappelle qu'à l'instant, tu viens de le traiter de connard.

Travaille plutôt ta colère, repense à ce que tu n'aimais pas chez lui, revisite ton histoire sous lumière crue. Attise, attise, pense au mal qu'il te fait. Pleure de tout ton soûl tu sembles savoir faire. Tu vois, Norah, je crains que pour toi, maintenant, il n'y ait que le temps, je sais que tu me détestes de te le dire.

15 h 10. Bois de Boulogne, devant la cascade.

Du dos de son index droit, Nicolas Sarkozy s'essuie une larme au coin de son œil droit. Cécilia n'est plus dans le paysage, il faut tout faire soi-même. Une lycéenne s'applique à lire la lettre d'adieu de Guy Môquet passé par les armes nazies après livraison par la police de Vichy. 17 ans et demi, le camarade était si jeune, c'est poignant ; il était communiste, ça ne se dit plus.
Derrière ses fines lunettes, la jeune Sofia Ibrahimi lit. En tant que lauréate du concours national de la Résistance et de la Déportation, elle a gagné le droit d'émouvoir le héros du jour.
« Je n'ai jamais pu lire ou écouter la lettre de Guy Môquet sans en être profondément bouleversé », confesse à la tribune le président profondément bouleversé. L'Actor's Studio en direct live. Guy Môquet comme citron pour pleurer. À quoi pense

Jude Law pour que coule de l'eau commandée par un clap ?

Pour l'heure (20 h 20, heure de Cannes), il s'emploie à endiguer le flot de Norah Jones. Elle est entrée dans son café par hasard, lui a parlé en torrents, soir après soir, elle s'est repointée.

Elle s'épanche, il absorbe, la tente d'une tarte aux myrtilles, personne n'en veut jamais de celle-là, intacte à la fin de la journée, il soulève la cloche et lui découpe une part, propose l'option boule de glace à la vanille, elle prend. Le diner est à eux jusque tard dans la nuit lardée de néons. Je me retiens de me retourner pour voir Jude Law se regardant à l'écran lécher sur les lèvres de la belle au chagrin dormant des traces de crème opportunes.

Ils s'embrassent en quinconce. Lovés à l'envers, il est mal rasé, elle porte un bonnet vert, ils soudent leurs lèvres. Elle ne se réveille pas.

Le plan d'après, la rescapée est partie aérer sa souffrance sur les routes, le plantant là à Manhattan.

Vis-à-vis de Jude, c'est un peu fort de coffee.

14 h 15. Aux Champs-Élysées...

Nicolas Sarkozy descend l'avenue debout dans une 607 Peugeot décapotable. Perçoit-il l'odeur du crottin que lâchent devant les chevaux de la Garde républicaine ? L'histoire s'écrit, lui, les besoins et la liesse populaire.
Il salue la foule qui l'acclame, entre champion du monde et reine d'Angleterre. La voiture se traîne, même si l'artère est déserte. La journée ralentit pour la première fois, il se le dit encore, il est président.
Toutes ces années à escalader, avec des ennemis comme pitons, à travailler, plus ça se peut pas, à s'incruster, le culot comme credo, à intriguer, du bagout du bagout, à servir, en anticipant la réciproque, à trahir, une formalité, à fomenter, toujours un coup d'avance, à mentir, il suffit d'y croire, à charmer, à contrôler, à avaler, à plus que les autres le vouloir, gagner, être le premier, le point faible des mal-aimés.

Depuis plus de trente ans, il a passé l'essentiel de son temps à ne penser qu'à ça, à ce compte à régler. Et puis, c'est arrivé. Il s'est étonné de son manque de joie.

Tous ces gens, massés derrière les barrières, comme à l'arrivée du Tour de France. Les portables se tendent à bout de bras pour capturer l'instant, les motards encadrant la voiture n'aident pas au cadrage.

Il perçoit ici ou là la tension des services de sécurité, repère des hommes concentrés, entend le grondement des hélicoptères. Le risque de la décapotable, surtout ne pas penser à Dallas, 1963.

Kennedy, ça a bien pris dans la presse. Il a suffi d'une réflexion off d'un conseiller pour faire essaimer la comparaison. Les journalistes ont adoré. Il ne s'étonne même plus du jeu d'enfant.

...c'est bien les médias ça... tu leur lâches une miette, ils t'en font un big bang... à force de me comparer à Kennedy, ils vont m'amener un Lee Oswald, ces cons...

Une lumière qui perce enfin vient saluer son destin. Ses yeux s'en plissent, légèrement levés vers le ciel. Un sentiment de plénitude l'envahit. Qui ne dure pas. Un coup de fatigue le saisit. Il ne s'est pas si souvent senti fatigué. Son réveil lui paraît loin surtout si l'on remonte à l'insomnie. Il lui reste encore Guy Môquet et Angela Merkel, il ne sera pas rentré de Berlin avant 23 h. Il se demande si Cécilia est contente. Il se dit

... je resterai le premier président de la République française à avoir embrassé sa femme sur la bouche lors de la cérémonie d'investiture...

Il se dit

... le vieux m'a presque fait mal au cœur... c'est compliqué de voir son père diminué...

Il ne pense pas beaucoup à Pal, son père pour de vrai. Il donne tout à Dadu.

Il se dit

... la tête de Debré articulant ses vœux de réussite... on a des petits plaisirs dans la vie...

Il se dit

... la cérémonie, remarquable, rien d'autre à dire... brillante, élégante, émouvante... on est entré dans une nouvelle ère, avant, après... et ils n'ont encore rien vu...

Un sourire vient se dessiner sur ses lèvres. Il salue la foule à gauche, il salue la foule à droite. Entend distinctement des Nicolas. Voit des bras qui se tendent. Bientôt, il va affoler la sécurité et partir au contact. Se sentir star dans la fosse. Encore 100 mètres et il y va.

... mon seul souci c'est Cécilia... la seule qui me résiste... tout cela est tellement fragile... elle ne veut pas d'obligations, dans un sens, je la comprends, dîner avec la femme du jumeau polonais... elle ne veut pas être potiche, elle ne veut pas être pièces jaunes, elle ne veut plus être politique, elle veut faire ce qu'elle veut, elle ne sait pas quoi faire...

Il s'inquiète et se console

... mais bon, j'y suis arrivé : c'est avec Cécilia que je suis entré à l'Élysée... elle était si belle...

Il envoie un baiser au loin. Il ne va pas tarder à courir saluer ses fans. La voiture ralentit. Sur le parcours, au second plan, une affiche sur une colonne Morris : Les Chansons d'amour, en compétition à Cannes, sortie le 23 mai.

20 h 25. Les grands espaces à Cannes.

Ça y est, elle trace. Aux États-Unis, la route s'avale au volant d'une décapotable, même bringuebalante, ainsi va Norah Jones, elle trace, en vrac.
Que fait-on, après la falaise ? Redevenir un seul, un jour, ça peut aussi arriver du jour au lendemain. Être quitté, sans être quitte. N'avoir d'autre chose à faire que subir la coupure de courant. Que fait-on, si l'on ne meurt sur-le-champ ?
Norah roule, la nécessité d'un nouveau paysage. Elle appuie sur l'accélérateur qui l'éloigne de l'impact de son chagrin, au compteur, les miles chiffrent la déflagration.
Elle se revoit hébétée, soudain frappée d'un 11 septembre sentimental, les yeux levés vers le désastre. Un pas après l'autre, le cœur recouvert de poussière grise, elle avait atterri dans ce diner éclairé et s'y était posée, là ou ailleurs, pour les premiers secours.

Par chance, elle était tombée sur un chic type prêt à amortir le choc. Il l'avait dorlotée puis il l'avait réanimée. Au réveil, elle avait senti la douleur, elle s'en était allée. So long, désolée. Elle n'était pas en état. Elle allait en visiter d'autres. Elle partait se retrouver, ça passait par se vider de ce passé, ça prendrait le temps qu'il faudrait.
À New York extérieur nuit, Jude Law, neurasthénique, lorsqu'il sort les poubelles.

14 h 45. L'autoroute entre Nice et Cannes.

Personne ne parle dans la voiture. La distance prend du temps. Entre deux stations service, je me fais un film. L'amour, tous misérables.
Synopsis :
Sur la table, un jour, au grand jour, l'absence totale de pouvoir de Nicolas Sarkozy sur le désir de Cécilia. Laquelle incontrôlable est allée butiner un

autre pouvoir, un pubeux, sous vos applaudissements.
Organisateur d'événements, Davos à sa main, les plus riches, les plus puissants et Sharon Stone qui traîne parfois par-là.
Un objectif les a ciblés, dans une rue de New York, Upper East Side, le coin chic, cher et chiant, déclics en rafale, dans la boîte, le document, elle, déjà Jackie ou simili, flanquée de son Richy.
« Allô Paris, j'ai des photos de Cécilia Sarkozy avec son nouvel amant, vous prenez ? »
Le cliché aurait dû finir croupissant au fond d'un coffre-fort après paiement, comme ces joueurs de foot neutralisés sur un banc, il aurait rejoint d'autres flagrants délits en jachère. Il y en avait pour cher.
Mais la photo s'est offerte aux regards :
Le couple est pris en pied, dehors, dans la rue, on est assez loin. Elle, pause mannequin, sapée cosy chic, sandales et double ceinture, lunettes en serre-tête, debout devant un bâtiment, elle semble consulter un plan d'appartement, elle est à sa droite.
Lui, chemise blanche, montre apparente (moins

bling bling que Rolex), il regarde au loin, il est légèrement plus grand qu'elle, il contrôle la situation. Mieux, il organise, assurant, rassurant. Il fabrique des événements.
Ainsi un dimanche de novembre 2004, avait-il brillamment assuré la mise en scène du sacre de Nicolas Sarkozy à la tête de l'UMP. Il avait tout prévu, même cet exceptionnel numéro de prestidigitation : à la fin, il lui piquait sa femme. Son mari sur scène, Cécilia qui regarde ailleurs, Nicolas Sarkozy aurait dû se souvenir du théâtre de l'Empire.
New York, sur la photo, l'amant ne semble pas soupçonner le séisme. 25 août 2005, une de Paris Match :

Cécilia Sarkozy
l'heure du choix

Avec Richard, elle a passé l'été
entre New York et Paris.
Le temps de la réflexion.

Plein pot. Partout, dans et au dos des kiosques, dans les villes et les villages, dans les relais H comme Hachette des gares et des aéroports, sur les tables

basses des salons, chez les dentistes et les coiffeurs, dans les rédactions, entre les mains de Nicolas Sarkozy.
Un cocufiage à grand tirage mis à feu par l'un de ses meilleurs amis, plus qu'un ami, un frère. Un petit frère, confié par son père.
Le patron de presse a juré qu'il n'était pas au courant. L'incompétence pour moindre mal. Plutôt un con qu'un traître. Un con compatissant. Une tête de rédaction a été offerte en sacrifice en signe de repentance.
Tu te souviens, on n'en revenait pas, mon amour. De tout ça, de ces arrangements avec matière première humaine, de ce cynisme comme savoir-faire, ces mauvaises manières sans vergogne, c'était décourageant au bout d'un moment de se sentir trop tendre, on était d'accord là-dessus, l'époque n'était pas aux scrupules, mais ce n'était pas une raison pour déserter la place. À nous deux, nous avions de quoi semer quelques grains de sable.
J'ouvre les yeux, on brûle, j'aperçois une plage.

21h05. Cannes, rebondissement.

À New York Jude Law reçoit une carte postale de Memphis. Je commençais justement à me demander s'il était toujours dans le film. Il commençait justement à se demander si les larmes, les rendez-vous nocturnes, la chaleur de la consolation, la glace sur les lèvres de Norah Jones, il ne les avait pas rêvés. Les trop beaux baisers font douter de tout.
Six ans après, ça m'arrive encore. Comme ça, soudain, pour un oui ou un non, un non-dit, une intonation. Ça m'arrive encore de soupçonner l'illusion, de traquer l'anomalie de la situation. Je me fais des bleus pour y croire. Je crains le réveil, le bad beat au poker, la cinquième carte qui vous subtilise à l'arrache la fortune retournée là sous vos yeux, sur la table. Je broie tout ça dans mon coin. Tu humes mon humeur, depuis le temps. Tu me rassures, tu sais faire, je fonds sur la faiblesse

de te croire et le curseur glisse dans l'autre sens : nous sommes ensemble de jour comme de nuit. Dénudée, en confiance, je m'en remets à toi à découvert. N'importe quel art martial déconseillerait vivement. Il te suffirait d'un bout touchant.

11 h 43. Esplanade des Invalides.

Le silence troué, soudain, un premier coup de canon.

Vu de loin, le tournage d'un film au Moyen Âge avec Christian Clavier. Vu de près, impossible, trop dangereux.

En plein Paris, an 2007, un type en uniforme charge un canon et tire. Le bruit, le nuage de poussière. 21 fois, on la refait, gros budget. 6 coups par minute, même à blanc, ça tue.

Le sixième président de la Ve République élu sur le triple concept de jeunesse, rupture et modernité

vient d'être investi au son du canon. 21 coups. C'est moins que 101. Tirés à la mort du roi, sous l'Ancien Régime, de l'artillerie lourde pour annoncer la nouvelle.
De Gaulle avait réduit les coups à 21, mais alors, républicains. Mitterrand en 88 et Chirac en 2002 n'avaient pas souhaité faire parler la poudre. Ils se succédaient à eux-mêmes et se voulaient sans doute indemnes. Chirac vient de se prendre 21 impacts de Sarkozy. Si avec tout ça il n'a pas compris.

20 h 35. Cannes, In the mood for mood.

Ainsi se déroule sous mes yeux la belle transhumance d'amour triste. Il flotte un sérieux parfum de hasard. Comme le doigt qui arrête la mappemonde, je suis tombée sur une mélancolie manifeste.
Le film d'ouverture aurait pu être signé Quentin

Tarentino, Pedro Almodovar ou Ken Loach. Il aurait pu s'appeler Taxi aussi mais le pire n'est jamais sûr.
Ce soir, c'est comme ça, on joue du Wong Kar-Wai. Peut-être était-il moins une, un montage terminé à l'arrache au terme de nuits blanches, un avion attrapé quasiment au vol, Gilles Jacob en direct au bout du fil, un étalonnage in extremis, la projection à l'heure comme un miracle.
Au bout de ces aléas, devant moi, l'amour donne du chagrin, le chagrin fait voir du pays, le pays abrite un Jude Law, l'histoire me va.
L'Amérique devient profonde, la brune a pris vers le sud, Memphis, Tennessee. 1,120 miles depuis New York. La route est longue aux États-Unis. Mon attention prend la tangente.
Nous deux au volant dans ce pays géant. Pontiac décapotée. Les silences partagés face aux immensités. Les pintes dans des saloons avec de faux John Wayne, les nuits dans des motels, des chambres branchées, des hôtels casinos, les miles sous bande-son, le cruise control. Du bitume que nous consumions en respectant les limitations de vitesse, les hélicoptères pouvaient rester en l'air, nous

avions du temps devant nous. Pilote, co-pilote, ton nez penché sur les cartes, un sacré équipage déjouant les pièges. Et cet orage qui menaçait au-dessus de la Vallée de la mort pouvait bien exploser, j'étais avec toi.

Six années que nos routes s'étaient croisées pour se confondre.

Paris, un printemps, la foudre. Rare et fulgurant. Ne pas pouvoir faire autrement. La force de l'aimant. Tu semblais dans le même état, la synchro me parut tenir du miracle.

La vie se mit à vrombir dans mes veines, nos cernes en commun, comme le commun des mortels. La connexion, les étincelles, une alliance entre physique et chimie.

La conscience de la chance. J'en tremble.

Six mais main dans la main. Tu supportes toujours mon mutisme le matin, je supporte toujours ton bordel, je t'aime autant, je t'aime autrement, je te le dis moins, je n'en pense pas moins.

Parfois, l'idée m'effleure et je la repousse. Par vagues, ça dépend des moments. J'y pense et puis j'oublie, à quand on se quittera.

Norah Jones pleure à nouveau.

10 h 55, léger crachin dans la cour de l'Élysée.

Et c'est l'entrée des recomposés.
Un pack blond et black progresse en ligne. Louis, Jean, Cécilia, Judith, Jeanne-Marie, Pierre, de gauche à droite en direct sur toutes les images du monde, main dans la main, tous en noir sauf Cécilia, la seule brune, dans le lot.
Ils se tiennent, les deux grands blonds, les deux grandes blondes, triomphants, quatre stylés dans le vent dont on se dit qu'ils pourraient être fiancés s'ils n'étaient unis par un sang sinueux.
Le tout petit vaguement rouquin déguisé en écolier britannique, quand on le voit, on le revoit posé là sous le bureau du ministère de papa.
Et au milieu, centre de gravité et de glamour, la mère, belle-mère, amante, épouse, première dame.
Sur tapis rouge, la famille mille feuilles, sapée grands couturiers, offre ses couches de vie aux regards.
Les recomposés signifient aussi les absents, il y a

là de la Marie-Dominique ex-Sarkozy, il y a là du Jacques Martin.
Il paraît que c'est Marie-Do qui avait appelé Jacques pour le prévenir que leurs moitiés respectives faisaient un par ailleurs. Amours et amitiés venaient de voler en éclaboussures.
Marie, marraine de Jeanne-Marie, la benjamine de Jacques et Cécilia, est-elle devant sa télé ? Ses deux fils, sa filleule, sa remplaçante, gravissent emmêlés les marches de l'Élysée. L'homme qu'elle a aimé vient de vaincre sans elle, elle avait partagé sa salle de bains quand il s'y rasait déjà.
Marie a épousé Nicolas en habit en 1982, Nicolas avait pour témoin Charles Pasqua. Pasqua pourrait témoigner que l'année d'après, le marié lui piquait Neuilly. Puis :
Le maire Nicolas Sarkozy a marié Jacques Martin et Cécilia Ciganer Albeniz en 1984. C'est malin, le mari de Marie a flashé sur la mariée.
Deux enfants sont nés peu après à deux jours d'intervalle : Judith Martin et Pierre Sarkozy.
Les deux mamans ont pouponné parallèles, deux landaus complices dans les rues de Neuilly, « Cécilia, ma meilleure amie », a dit Marie.

Au printemps 88, la malédiction de l'amitié sur les sommets de Mégève. Jacques n'est pas là, son compte est réglé, il a tort. Marie, Nicolas, Cécilia, le chiffre impair change de camp. Marie surprend Nicolas et Cécilia comme elle n'aurait jamais cru.

On ne sait pas si Marie s'en est remise. Les autres si, apparemment. Jacques s'est encore reproduit avec une hôtesse de l'air. Nicolas a épousé Cécilia ils ont fait Louis. Cécilia a quitté Nicolas pour Richard. Nicolas s'est consolé avec Anne. Cécilia est revenue, repartie, revenue; Anne est repartie, revenue, repartie définitivement. Elle non plus n'a pas été à la noce.

Anne, journaliste politique, pigiste sur ce coup-là. Cécilia pelotonnée dans d'autres bras, Nicolas s'est installée avec Anne, XVIe arrondissement de Paris. On les a vus en virée à Darty Madeleine, leur baiser sur la bouche au rayon machines à laver a fait jaser, les indiscrétions se sont régalées de la facture de 16000 euros.

Les photos du couple bras dessus, bras dessous au marché le dimanche matin ne sont pas parues. L'idylle s'est sue à New York où jamais n'ont cessé d'arriver les SMS transatlantiques. À Paris, elle était remplacée, pour Cécilia, il était temps de rentrer.

18 juin 2006, Nicolas, Cécilia et quelques enfants pluri-utérins en week-end à Londres, « mais alors Cécilia est revenue ! » s'exclame Jeannine, 72 ans, à la retraite à Nice, feuilletant Paris Match au fond de son fauteuil, près de la fenêtre, comme chaque jeudi, d'abord les photos et les légendes, le bout de l'index elle humidifie. Jeannine est abonnée.
29 juin 2006, Nicolas et Cécilia à la colle lors d'un voyage en Guyane. Amoureux en pirogue sous joug médiatique, les journalistes tiennent la chandelle, les objectifs sont invités à se goinfrer. Faites passer le message : Cécilia et Nicolas, nouvelle lune (de miel).
Cécilia ! Cécilia, par-là ! Sur la droite, Cécilia ! Cécilia, s'il vous plaît !
Les recomposés parvenus sur le perron se retournent et marquent à nouveau la pose.

18 h 45. Tapis !

Embouteillage en bas des marches, quelques pieds font tapisserie avant de grimper. Je photographie le mien sur fond rouge. Perché sur son aiguille, il ne dépareille pas. Mes ongles brillent. Mon sourire n'est pas pour les photographes, je te revois en flash : tu étais au pinceau hier soir. Tu peignais, tu me chatouillais, je riais, je bougeais, tu te fâchais, tu soufflais pour que sèche le vernis, tu tendais ma jambe pour juger de l'effet, je criais, t'y allais un peu fort, tu riais. Tu as redit que tu n'aimais pas tes pieds, tu me les as montrés du doigt
– Regarde-moi ça !
mais moi je t'aime des pieds à la tête.
Une chaussure m'écrase les orteils et me demande pardon.

19 h 05. Cannes,
l'autre tapis rouge du jour.

Jude Law, Norah Jones, éclatants, viennent de se retourner en haut des marches, ils font face aux deux barres de photographes carnivores. Ils sont beaux, ils sont magnifiés par les déluges. Wong Kar-Wai supporte derrière ses lunettes noires. Le Chinois de Hong Kong venu présenter son premier film en langue anglaise n'a pas cédé à la tentation d'une monture à la Tom Cruise. Depuis quelque temps, on dit « une monture à la Nicolas Sarkozy ». Ou à la John Kennedy, je ne sais plus. WKW observe le monde derrière des carreaux carrés sombres d'une autre époque de jour comme de nuit.
Des visages sans regard sont déjà passés. Un Luc Besson, une Juliette Binoche, une Judith Godrèche, un David Lynch, ils se protègent des autres et du soleil, ils foulent le rouge, s'offrent aux photo-

graphes, ils donnent, ils montent, ils saluent, ils sourient, ils savent faire.
Je suis entrée avant, mon amour. Ne t'inquiète pas, quand t'es pas connu, t'es pas reconnu, de l'indolore.
Je me suis concentrée pour ne pas te faire un roulé-boulé en direct. Les 24 marches en talons aiguilles, pour moi, c'était Koh Lanta.
Demain soir, je te raconterai comment une noria de mains expertes m'avaient rendue à mon maximum. Tu sais, comme si j'avais décroché le gros lot d'un concours : « Vous aussi, vivez une nuit au festival de Cannes ! Vous serez logé au Majestic avec vue sur la mer ! Vous monterez les marches comme les plus grandes stars mondiales ! Vous assisterez en exclusivité à la cérémonie et au film d'ouverture ! Et vous poursuivrez la nuit sur les hauteurs de Cannes lors d'une fête privée réservée aux happy few ! » lol
Je sens que tu vas te moquer de moi et j'aime déjà.

10 h 58. Cour d'honneur de l'Élysée.

Nicolas Sarkozy gravit seul les marches rouges. Sur le perron, Jacques Chirac en Gilles Jacob. La dernière fois qu'on le voit président, Jacques Chirac. Gilles Jacob le sera encore longtemps.
La scène mériterait un air d'harmonica. Le vieux cow-boy rend les armes. Il aurait bien tué encore, plus de munitions. Il ne lui reste que les bières suçotées au goulot au bar des saloons.
Une petite annonce est parue dans le Libération du jour : « Jacques, soyez sur le perron à 11 heures. Aujourd'hui, je commande et vous exécutez. Votre ami Nicolas. »
Ils se sourient, ils se saluent. Une poignée de main comme une plombe. Les deux hommes s'engouffrent et disparaissent. On s'attend à suivre la transmission des codes nucléaires en direct à la télé, mais non.
Le bureau présidentiel au premier étage reste

étanche : deux hommes face à leur propre tournant figuré dans le visage qui leur fait face.
Quelques bricoles à accomplir, les codes d'engagement des forces nucléaires, des secrets d'État traînant par-là. Une ou deux banalités peut-être, prenez soin des cygnes ou vous verrez, la chambre du fond est très agréable.
Certains ont du mal à se quitter : le 17 mai 1995, François Mitterrand et Jacques Chirac se sont absentés une heure.
Aujourd'hui, Jacques Chirac et Nicolas Sarkozy ont mis 35 minutes, douche comprise.

10 h 58. Cour d'honneur de l'Élysée depuis le perron.

... Il n'a jamais su marcher, ce Sarkozy... Tiens, il marche comme Bush, j'ai eu l'occasion de les voir de près, l'un et l'autre, le demeuré du Texas et le nain de Neuilly... Pareil, ils marchent : les pieds lestés et les couilles en avant... Forcément, ils n'avancent pas !...

... Moi, j'ai toujours bien arqué... Vite, à grandes enjambées, engouffrant le sol... J'en ai labouré du terrain toutes ces années du haut de mes guibolles... Bernadette n'a jamais pu suivre, je lui ai mis un nombre de tours dans la vue à la tortue !...

... François Mitterrand, un sacré marcheur, à son rythme... Il prenait tout son temps... Comme s'il n'avait que ça à faire... Il marchait en humant...

... Giscard... c'est curieux, j'ai rien à dire sur Giscard... Même pas sûr qu'il ait jamais mis un pied devant l'autre...

Bon, il en met un temps, à approcher, ça, on peut dire qu'il le savoure, son tapis !... qu'est-ce que c'est long, j'ai l'air d'un con... Tant pis, je descends les marches, même en bas de toutes façons je devrai me pencher pour lui serrer la louche, ça, il l'a jamais digéré... Il a les mains moites !... le gamin a les mains moites... Et ce faux air qu'il prend, il fait semblant comme moi, tiens... Le masque du sourire enfilé sur le visage... Il a beau dire... la rupture, la rupture... il m'en a piqué un nombre de trucs!... je suis sûr qu'il ne s'en rend même plus compte... il est vraiment obligé de me taper sur l'épaule?...

11 h 37. Élysée, le pouvoir est passé.

Parfois, les marches sont plus longues à descendre. Il est un peu ridicule ce tapis rouge qui s'arrête au beau milieu de la cour de l'Élysée. Au bout du décorum interrompu, la voiture attend dans le sens du départ.

Encore une poignée de main, aucune raison qu'ils se roulent un patin. Le grand s'engouffre. Nicolas Sarkozy applaudit au départ de Jacques Chirac. Il semble apprécier le spectacle et n'a pas à craindre de rappel.

Une main apparaît qui salue à la fenêtre de la berline, le coucou du vieux à la fin d'une réunion de famille.

11 h 37. À l'intérieur, salle des fêtes.

Louis Sarkozy, les bras sagement rangés derrière le dos, la bouille penchée sur la Grand Croix de la Légion d'honneur reposant dans son écrin. Ça brille devant p'tit Louis, qu'y a-t-il dans sa tête à lui ?
À 10 ans, Louis a une face de vieux. On dirait son pantalon gris en jersey.
Louis a toujours l'air de savoir des choses.
Il a vu Beauvau, il a vu Bercy. Il a vu Neuilly, il a vu New York. Il a vu sa mère à la colle avec un nouveau coloc, il a vu son père débarquer en pleine classe pour venir le chercher.
Il a vu des atterrissages depuis des cockpits, des après-matchs dans des vestiaires.
Il a vue sur son père.
Il est l'un des trois fils du président élu, il est le seul fils de la première dame, il est le seul de ces deux-là. Quatre demis gravitent alentours, tous tellement plus grands.
Le petit, portrait craché de son père quand il était

petit, colle incognito aux premières loges, nul ne semble se soucier de lui.
Il a tout vu. Bonne chance mon p'tit Louis !

11 h 42. Quai Voltaire.

Il rentre chez lui qui n'est pas chez lui, il n'est plus président depuis 5 minutes. Il n'est plus qu'ex, un seul exemple vivant, Giscard.
Au loin, les échos de la canonnade, il décapsule une Corona, il ne devrait pas. Il n'y aura pas de revanche, c'est fini. Il n'a même pas su assurer sa descendance. Il se console en pensant au temps que lui ont pris ses échecs.
... tandis que le jeunot, là, au plus tard, il est à la retraite à 62 ans, il devient quoi après ses deux mandats, roi du monde ?...
... je souhaite bien du courage à Cécilia pour l'après... elle en prend pour trente ans avec lui dans les pattes...

... drôle de fille, cette Cécilia, un sacré caractère... une grenade dégoupillée, elle peut se faire la malle à tout moment... lui sans elle, il pète un câble...
La Garde républicaine à cheval défile devant ses fenêtres.
... Bernadette aussi, ne pas se tromper, elle a son tempérament... à sa façon... jamais frontalement, tout dans l'insinuation, en respectant les conventions... c'était une autre époque... les femmes ne partaient pas, elles supportaient en silence...
Une pluie fine fait briller le bitume.
... elle m'a eu à l'usure, Bernadette... nous vieillissons ensemble... je m'emmerde sévère mais je ne m'imagine pas sans elle...
Il pense au Maroc où ils s'envolent demain, il pense à être ailleurs, il ne se voit pas végétant là dans l'immédiat. Il essaie de ne pas penser à cette nouvelle petite mort qui vient de lui tomber dessus. À l'heure qu'il est son successeur doit s'ébrouer à l'Élysée.
... oh, il en a encore trop fait, tout à l'heure, le morveux, c'est plus fort que lui, faut qu'il en fasse trop... le grand jeu du respect, et que je te souris, et que je te tape dans le dos... il croit que j'y crois

à sa gentillesse généralisée, il croit que je n'ai pas entendu quand il a applaudi mon départ ?...

... ce type-là aurait tué père et mère pour être président, d'ailleurs il m'a tué...

... c'est Villepin qu'a encore vrillé à pleins tubes aussi... pourtant, j'y croyais au poète de mes deux... j'ai été aveugle, comme amoureux...

Le vieil homme se voûte sur sa chaise et laisse ses longues jambes s'étendre à l'horizontale.

... le nombre de conneries qu'il aura pu me faire faire quand même... et moi qui en redemandais, non mais quel couillon j'ai été...

– Qu'est-ce que vous dites, Bernadette ?... À qui je parle ?... Mais vous entendez des voix maintenant, ma chère !... Comment ?... Évidemment que j'ai pris mes médicaments...

... si un truc n'avait pas pété dans ma tête, j'avais mes chances... au finish comme à chaque fois...

... mon accident cérébral puis Ségolène Royal, on peut dire qu'il a eu un pot de cocu le gamin... Sarkozy, un pot de cocu, faudra que je la ressorte, celle-là !...

... vas-y, cours, grille-toi, je te regarde, je n'ai plus que ça à faire...

... je te donne à peine un an pour être cuit... on va te retrouver hors d'haleine au bord de la route, t'auras l'air malin...

... il y a une seule chose que je t'envie : ton envie...

... non, y'en a une deuxième : Johnny...

11 h 55. Salle des fêtes, après les honneurs.

Louis est aux anges, protégé par Cécilia qui l'enserre par-derrière. Quand Cécilia veut savoir l'heure, elle lève le poignet de Louis. L'officiel s'éternise. Cécilia tente de tuer le temps, elle parle de Louis à sa voisine de rangée.

« Tu le connais, lui ? C'est le modèle réduit du grand. »

Le grand, depuis le temps qu'on l'attend, arrive justement et s'enquiert de sa femme :

« Ça va ? »

« Oui. Ça faisait grande famille, hein ? On a un peu bousculé le protocole, ça, j'adore. »

On se demande s'ils se savent filmés.

Nicolas :

« C'est vrai, ça c'est bien. »

On se demande s'ils se parlent vraiment comme ça dans la vie.

Cécilia :

« Oui, je sais, on s'est mis en troupe. »

On se demande jusqu'où ça va aller.

Nicolas, quelques poignées de main plus tard :

« C'était beau, hein, c'était émouvant. »

En pleine investiture, ils se soucient de la qualité du spectacle. Le président et la première dame, comédiens également.

19 h 10. À Cannes ça va commencer.

Dans l'attente de la prise d'antenne. La séance de ciné est précédée d'une émission de télé. On démarre après la page de pub. Un type passe l'aspirateur sur la scène. Un podium esseulé posé là, des palmes dorées dans le décor, deux rangées de chaises vides, la vie débarquera à l'heure pile. On m'a placée au premier rang, j'ai vue sur la cuisine. Des techniciens s'activent mollement, quelques câbles traînent encore. Une hôtesse providentielle distribue des bouteilles d'eau. Les cadreurs contrôlent le glamour dans leur viseur. Des jeunes gens élastiques progressent en parlant à leur micro-casque. Dans la salle, des connus se reconnaissent et s'apostrophent. Des visages se rassurent dans des miroirs de poche. Un brouhaha au fond, les têtes se tournent attirées par l'agitation nouvelle : Jude Law fait son entrée au bras de Norah Jones. Le sas d'objectifs se referme devant

monsieur et madame Wong Kar-Wai. Une minute de flashs en rafales et les photographes sont priés de remballer. Les portables se coupent avec regret ainsi que l'intime une voix. Les moteurs sont demandés en régie finale. Le décompte est enclenché dans une chaîne de tympans. Une scripte pénétrée égrène les 5 dernières secondes et ce sont des centaines de corps qui se tendent. En direct, l'ouverture.
De l'émission de télé, de la cérémonie d'ouverture, du festival de Cannes.
Une seconde encore et…

11 h 46. L'Élysée, un discours !

« Mesdames et messieurs, en ce jour où je prends officiellement mes fonctions de président de la République française, je pense à la France [...]. Je pense avec émotion à cette attente, à cette espérance, à ce besoin de croire à un avenir meilleur [...]. »

11 h 46. Devant Orly, en plein air.

Moi je pense à toi. Je t'emmène, dans ma poche. Je vais voler, là, je ne voulais pas. On ne va pas y revenir, je reviens demain. Après, je me pose contre toi. D'autres fumeurs alignés tirent goulûment sur leur dernière. Des retardataires s'éjectent des taxis, ils tentent de faire fissa bardés de leurs bagages. Je pense à nos voyages. Un avenir meilleur, je ne vois pas. En cet instant où je vais prendre l'avion, je te déclare officiellement mon amour.

13 h 10. Dans l'avion Paris/Nice.

Les hôtesses se sont levées, ça a l'air bon signe. En me détendant je réalise combien j'étais tendue. Répit vigilant autorisé jusqu'à l'atterrissage, quand l'appareil rasera la ville de Nice avant de se prendre pour un Canadair au-dessus de la mer. J'attrape un magazine. C'est quoi, son problème ? J'ai Cécilia entre les mains, des photos pleine page convoitées sur ma droite, je sens bien que le type sur le siège d'à côté est en train de mater du coin de l'œil, vous tombez mal, cher monsieur, dans l'avion, je ne supporte rien. Je le fusille en retour. Ça la rase. D'être première dame. Elle l'a dit, avant de l'être devenue. Aurait-elle préféré se coltiner un mari battu ?

Qu'est-ce qu'elle a, qu'est-ce qu'elle veut ? Elle veut ou elle veut pas ? Que faire, habillée en Prada ? Nicolas, jamais là. Bla bla bla avec ses meilleures copines. Du restaurant aux magasins d'un coup de mini. Si ça se trouve, sous la Jackie sommeille une Emma Bovary. Le 6 mai, elle n'a pas voté, elle ne se sentait pas bien.

Pratique-t-elle parfois l'abstinence comme elle a pratiqué l'abstention ?

« Vous pensez que Cécilia Sarkozy pratique parfois l'abstinence comme elle a pratiqué l'abstention ? »

Mon voisin ne me répond pas. Ça manque d'humour dans l'avion pour Cannes.

17 h 40. Aéroport de Berlin.

Les élections font et défont les couples. Angela Merkel, Nicolas Sarkozy, a-t-on déjà vu duo plus dissonant ?

Elle l'accueille au pied de l'avion, en veste blanche, un brin midinette. Il lui tape deux bises, lui tape sur l'épaule. Elle préside l'Europe jusqu'au 30 juin, il lui a réservé sa première visite de président. Il semble tellement heureux de la voir qu'un sourire comme du bon pain vient fendre le visage peu amène. C'est Mickey qui déboule en plein Soviet suprême.

Ces deux-là n'ont rien à voir, sinon d'être au pouvoir en même temps. Il flambe sur un yacht, elle assiste à un opéra. Sa femme s'affiche, son mari se cache. Il est petit, elle est de la même taille, elle fait grande. Dans la vie, ils ne se seraient pas choisis. Elle semble se méfier de son naturel décomplexé. Elle sort du baisemain de Jacques Chirac, il

est puceau, son premier couple franco-allemand. Leur union est inédite, rajeunie, hétérosexuelle, dépareillée. Leurs peuples les ont placés au sommet pour les représenter.
Si les pays choisissent des dirigeants qui leur ressemblent, alors la France aime le clinquant, mouille son tee-shirt pour la performance, est secouée de tressaillements, souffre de migraines, dit qu'elle peut parce qu'elle veut, a une faiblesse pour le chocolat, a des goûts de chiotte musicaux, est convaincue d'avoir beaucoup souffert.

21 h 05. Cannes, des visages, des figures.

Transfert de peine. Norah Jones s'est posée, le nez sous d'autres amoureux terrassés. Elle gagne sa vie comme serveuse, elle joue à sa Jude Law bien plus bas dans le pays. Quand elle remplit les verres, les âmes débordent. Ici, les tartes à la myrtille sont des alcools forts. Un flic a été quitté par sa femme, le genre de banalité qui continue à frapper de plein fouet aux quatre points cardinaux. Ils s'aimaient et ne pouvaient plus s'aimer. Il prenait tout, elle manquait étouffer. À la place, ils se sont déchirés, là, ils sont doués. La route est longue de la haine à l'indifférence. Le flic s'abîme au comptoir, mon Rimmel est sorti de son lit.

Dans ce bar du Tennessee, les ardoises s'épinglent au mur. Le désespéré fait la fermeture, ses consommations s'affichent en papier peint. L'abstinent a replongé. L'anonyme est redevenu alcoolique.

Ce soir, elle est entrée. Le silence s'est fait, l'assistance s'est figée. Il a voulu lui parler, il le voulait vraiment, la faire revenir, repartir, comme avant, il voulait parler à celle qui l'occupait entièrement.

– J'ai rien à te dire !

Elle a hurlé comme une possédée, l'a défié de son regard bleuté. Le bar était en apnée, je n'en menais pas large. Le flic a lentement dégainé, il l'a pointée de son flingue. En face, elle s'est retournée puis est partie, elle niait même la menace. Un gigolo l'attendait dehors dans une décapotable.

23 h 57. Hauteurs de Cannes.

Jude Law est devant moi. Pas le même, le vrai, redevenu Jude Law. Je n'irais pas spontanément lui confier ma peine. Assis dans un coin du coin VIP, il fait sa Cécilia.

Au 730 de l'avenue Georges-Pompidou, le soir de l'investiture de Nicolas Sarkozy, se tient My Blueberry Nights party, une fête d'après film dans le décor du film qu'on fête. Des hommes en noir échappés de Men in black se prennent pour les hommes du président. Un crâne chauve contrôle mon invitation, ouvre mon sac de soirée, tombe sur un tampon hygiénique. Je tente une diversion en lui lançant :

– Saluez pour moi la personne au bout de votre oreillette !

Il fait le sourd.

Au fond du dance floor niche un espace réservé aux bracelets dorés. Les happy few de la myrtille

vivent la même soirée mais entre eux, les initiés du goulot d'étranglement. Le sésame d'après, on se retrouve sur les genoux de Jude Law.
Quand même, il est beau, un pur moment d'égarement, je tente une photo. De loin, au portable, à chercher à bout de bras une trace de lui sur mon mini-écran, le ridicule s'abat en même temps qu'une paume menaçante m'apparaît soudain très nettement dans le viseur. On ne photographie pas monsieur Jude Law.
Je m'éloigne vexée et commande un « spécial Blueberry ». Dans mes veines, un cocktail de whisky, purée de myrtille, crème de mûre, limonade et glace pilée. De l'inoffensif qui dépote, l'atmosphère prend du relief.
Il est des inconscients pour polluer leur sourire de tarte aux myrtilles. De futurs chagrins d'amour se frôlent devant la fontaine à champagne. Un DJ perché échoue à créer de l'agitation. Deux jeunes dorés s'embrassent sans cesse sauf pour gober des bonbons. Des banalités s'échangent sans conséquence. Des spots se reflètent dans les lunettes noires de Wong Kar-Wai. Norah n'est pas là. Ni Norah Jones. Je fais un break au coca. Hurle n'im-

porte quoi dans un tympan de passage. Des faces nickel se fissurent, l'alcool attaque les peaux. D'autres fêtes se fomentent. On s'attend plus tard dans la nuit au Baron, au Jimmy'z. L'instant ne suffit plus. Des pieds perchés dévissent et font glousser des créatures. Des mains deviennent plus précises à soutenir des reins. Des regards tournent torves.

Il est l'heure où je ne veux plus connaître l'heure.

La navette Le Cannet/Cannes.

23 h 45. Neuilly-sur-Seine.

Nicolas Sarkozy salue son chauffeur et ses gardes du corps, il est au port. Il n'a pas dormi à Berlin, il ne dort jamais loin tant qu'il le peut. Bientôt, il faudra penser à s'installer à l'Élysée. Cécilia va s'y faire, ça va venir. Il est rompu. Des heures qu'il ne l'a plus vue. Quand il entre, il ne trouve pas de lumière. Elle dort. Il pense à demain, sa vraie première journée de président.

h . Dans la nuit de Cannes.

À nouveau le dehors qui défile à travers une glace arrière. Il n'y a rien à voir. Nuit noire, nouvelle lune, nulle nouvelle de l'astre de la nuit, la lune nous présente sa face obscure. L'éclairage n'est que festif, le ciel n'aide pas. À destination, l'hôtel apparaît légèrement assoupi.
Je regagne la chambre rompue. Les chaussures valdinguent les premières. Le sac à main échoue au loin. Je descends une bouteille d'eau qui peine à étancher ce Sahel dans ma gorge. J'allume la télé et me laisse tomber en tenue de soirée sur le lit. Je zappe entre Nicolas Sarkozy et Jude Law. La rediffusion vire à l'indigeste, j'éteins. Je t'envoie un texto de bonne nuit je ne sais pas si tu dors

mon amour. J'ai sommeil, je sens que je vais peiner à le trouver. Je sors sur le balcon en fumer une dernière de trop.
J'ai cherché la lune en pensant que tu la regardais peut-être depuis Paris Nord. Il n'y en avait pas.

7 h 45. Paris, trop petit matin.

Nicolas Sarkozy m'a tirée du sommeil. Son nom, prononcé à la radio quand elle s'est déclenchée. J'ai vite éteint pour ne pas te réveiller, trop tard. Ton profil a ouvert les yeux. J'ai aimé ta découpe au gros-grain derrière ma myopie. Une nuit de plus une nuit de moins en commun. J'ai pensé que je partais et je n'ai pas aimé, je n'aime pas te quitter. Je me suis levée.

17 MAI

8 h. Dans un lit à Cannes.

Une paupière de plomb se soulève difficilement sur un environnement flou et inconnu. Les premiers symptômes racontent un lendemain d'alcool, de nicotine et de talons hauts, récupération proche du néant. Bouche pâteuse, tête tapeuse. Des muscles insoupçonnés douloureux au niveau des chevilles, la cambrure du pied sur la lancée de l'anomalie d'hier soir, hier soir régurgite en un goût de whisky, l'addition se paye en liquide au réveil. D'urgence, boire, une oasis miraculeuse est à portée de main, une petite bouteille d'eau, je la vide au goulot.
Ça me revient : je suis à Cannes, je rentre ce soir, rien de grave.

Si ce n'est ce petit quelque chose qui me contrarie et que je viens d'identifier. Je n'ai pas eu de nouvelles de toi depuis je ne sais plus quand, un océan. Je tente de replonger et ne fais que divaguer entre deux eaux.

8 h. Le palais est debout.

La voiture de Nicolas Sarkozy passe le porche de l'Élysée. On ne pourra pas l'accuser d'être en retard pour son nouveau job.
J'en connais qui se lèvent tôt par insomnie, pour pas grand-chose ou pour braquer une banque. J'en connais qui se lèvent tôt comme un calvaire. J'en connais qui se lèvent tard et travaillent jusque tôt. J'en connais qui travaillent au lit, et qui commencent à l'aube. Je connais aussi quelques glandeurs heureux et des laborieux comme des enclumes. J'en connais bien des pas en forme le matin depuis que je suis née.

Il ne doit pas passer beaucoup de temps avec lui, à s'agiter comme ça, je me dis la couette remontée sous le menton.

Chez un enfant, il arrive que la suractivité apparaisse inquiétante. Là, le gosse est servi. Entre ses mains, un beau joystick et un chronomètre qui se déclenche.

Il a 5 ans devant lui, démarrage immédiat. Ce sera sans relâche. Sans férié sans RTT. Tout le temps le qui-vive. Tout le temps tout le temps. Une présidence en permanence. Il y est. À partir de pas plus tard, il est à la barre, comme disait Giscard. Il a juré tous les possibles, Jean Jaurès et le Medef se souviennent de ses promesses. Ni mentir, ni trahir, ni décevoir. Comme en amour. Il joue gros.

Entre les deux tours, une fois encaissé le jackpot des 31 %, il avait annoncé une prochaine retraite spirituelle s'il était élu. Il était en bleu, assis à la table du 20 H de TF1, ce soir-là, il se sentait si bien qu'il ôta ses chaussures, en confiance chez de sacrés bons amis.

Jack Bauer allait débrancher en cas de victoire. La diète et la réflexion, seul, quelque part. Quelques jours avec lui. L'ampleur de la tâche et des responsabilités, l'ambition d'une vie assouvie, le vertige de la première marche qui était aussi la dernière, n'importe quel psy aurait pris, faire le vide ne semblait pas du luxe.

Finalement, le luxe vint combler le vide. Rien ne fut trop beau ni trop clinquant.

J'aurai un temps où je me retrouverai seul face à moi-même pour habiter une fonction qui est lourde.

Le lundi matin pas tôt, il sort du Fouquet's propriété Desseigne pour Barrière où il a passé la soirée et la nuit de noce présidentielle avec femme et enfant, l'après-victoire comme un après-Césars. Le personnel fait la claque dehors en haie d'honneur, des tabliers, des livrées applaudissent, le service peut mener à tout quand un ami de votre patron est élu président de la République.

Nicolas, Cécilia, petit Louis. Veste sur jean, un air de vacances. Des voitures prêtes à tracer. Des portières qui claquent. Des caméras qui filment. Ils filent.

Internet les rattrape. Il n'y a que le net pour suivre la cadence, Sarkozy ou la toile, qui l'emportera au sprint ?

En ligne, quasiment en temps réel, le jet, le yacht,

comme si vous y étiez, La Paloma, la visite à 360° à télécharger, des vacances de riches en quelques clics. La facture eût été salée s'il avait dû la régler, mais on ne va pas parler d'argent, c'est vulgaire.

J'aurai un temps où je me retrouverai seul face à moi-même pour habiter une fonction qui est lourde.

« C'est quand même extraordinaire » jaillit d'un vacancier en short et en sueur. Sous le soleil frappant ses Ray Ban, il stoppa net son jogging pour honorer les micros.

« Ça fait 20 ans que Vincent Bolloré m'invite, ça fait 20 ans que je refuse. »

Et voilà, un seul faux pas, au finish, trop rageant, fallait que ça tombe maintenant qu'il avait été élu président, un moment d'inattention, vingt années d'abstinence à l'eau.

Le front coulait encore quand il lança à RTL, Europe 1 et à la ronde :

« Je n'ai pas l'intention de me cacher, je n'ai pas l'intention de mentir, je n'ai pas l'intention de m'excuser. » On chercha l'intrus.

Puis il repartit vivre ses deux jours et demi de retraite de millionnaire. Le loto, à qui le tour ?

C'était la semaine dernière, il a encore bonne mine.

Son quinquennat commence. Son premier jour est férié, l'Ascension. À part ça, c'est la sainte Pascale.

8 h 25. Cannes.

Du fin fond de mon lit, la force de rien, je me demande comment font les fêtards.

À l'heure qu'il est, les fêtards ne veulent pas mourir, ils ne vont pas encore dormir. Les lunettes noires sont devenues indispensables. Le temps se pulvérise un peu plus.

Ils redescendent.

Affalés en terrasse pour un petit café calva en after, ils regardent sans les voir quelques silhouettes consciencieuses sur la route du taf. Ça les fatiguerait presque.

Au festival de Cannes, les ouvriers spécialisés fréquentent la projection de 8 heures et demie du matin.

La veille, ils ont intrigué pour une invitation à une fête du soir. Ils n'y ont pas traîné, pour eux, pas d'impunité, la culpabilité les a envoyés au pieu. Tout doit tenir dans la journée du lendemain et ainsi de suite sur la quinzaine:
les projections, plusieurs par jour, le plus possible, passer d'un western coréen à un intimiste danois, ne pas risquer de manquer la palme, les interviews façon de parler, cinq minutes chrono en présence de l'attachée de presse contrôleuse de temps et de ton, parfois ils en arrachent une sixième mais n'en abusent pas, ils pensent au dernier de la liste pas mal de cinq minutes plus tard,
de la copie à pisser ou des bandes à dérusher, pas le temps de manger, quelques canapés happés au petit bonheur la chance, trop tôt pour l'alcool qu'ils s'accordent, ne pas se relâcher, résister, pas simple, toujours un coin où l'on boit, le champagne coule au robinet, Cannes a le champagne courant, or il faut encore,
appeler Paris, parlementer avec la rédaction, se faire marchand de tapis
vous avez de quoi faire 2 journaux par jour rien qu'avec Sarkozy? Dis donc, nous, ici, on a gardé le

tapis rouge, alors tu prends mes deux sujets et tu les passes ! Non je ne sais pas s'il va venir à Cannes, comment ça, qu'est-ce que je fais de mes journées ?
des nerfs à détendre, comme ils peuvent parce que, objectivement, le programme est chargé, deux litres dans une bouteille d'un litre mais, tant pis, ils s'autorisent un aparté sur la plage, rejoignent ce petit recoin qui échappe au barnum, respirent la mer... et gâchent le moment d'un *qu'est-ce que je vais bien pouvoir mettre ce soir ?*
des tenues à anticiper, adaptées aux circonstances, un compromis entre élégance et confort, un chic bleu de travail, différent chaque jour si possible, ils ne sont pas pris en charge par des stylistes, les hommes ne sont pas Georges Clooney, les filles ne sont pas Sophie Marceau,
ils partent tôt le matin et ne rentrent pas avant tard, leur hôtel est à l'autre bout de la ville, vue sur la voie rapide, les nuits sont vite vues.
Dès que leur train entre en gare à Cannes, ils sont en retard.
Pendant que les célébrités trinquent et titubent, ils triment à tout va. Ils reviennent tous les ans. Tous les ans ils espèrent des films qui les chavirent.

Ce matin, on joue Zodiac. Un tueur en série et ses dégâts collatéraux, une population traumatisée, la folie énigmatique, l'obsession, on leur sert ce plat à la fraîche. Ils s'en fichent, le noir de la salle leur va bien au teint, un grand soleil les cueillera à la sortie.
À la sortie, ils clignent et enchaînent.

8 h 30. L'Élysée à l'heure du petit déjeuner.

Le premier a choisi son second. Ils trempent leur croissant de concert. Le président s'est pris son contraire. Impassible, discret, dédaignant un chouïa la danse des médias. Grand, racé sans ostentatoire.
Ces derniers temps, le taiseux un peu triste s'est fait violence. Ruant dans les brancards comme un fichtre ! lâchant Chirac qui l'avait lâché, misant le

bon cheval avant les autres, de l'avantage d'avoir été viré.

Il est le second idéal. Il ne rayonne pas au point d'avoir une ombre.

Deux jours qu'il pleuviote sur leurs jours de gloire. La matinée est basse de plafond. Seul le Sud échappe au marasme. La capitale a du vent dans les voiles. À l'heure du petit déjeuner, Nicolas Sarkozy et François Fillon peaufinent leurs courants d'air.

... avec Kouchner, je frappe un grand coup... il va falloir le maîtriser mais là je fais fort... j'étonne, j'étouffe...

... tu comprends, moi je prends un peu partout, les thèmes FN au FN pendant la campagne, t'as vu le résultat ? On leur laisse le racisme, on leur prend leur façon de parler peuple, pourquoi tu crois que j'ai envoyé la Morano au front ? Oui je sais, elle a pété un plomb, quand je pense que là, elle attend ton coup de fil...

Le second semble avoir marmonné quelque chose.

... qu'est-ce que tu dis, l'UMP ?...

Là, il se lève, ça l'énerve.

... l'UMP, l'UMP !... ils vont s'habituer... tu ne

peux pas empêcher les éternuements quand tu remues la poussière... ils n'ont qu'à penser à la France, c'est pas parce que tu n'es pas sélectionné que tu souhaites la défaite de ton équipe... Qu'ils s'en prennent à eux-mêmes, j'ai gardé les meilleurs...

... MAM, elle risque de tirer la tête à l'Intérieur... je suis déjà bien bon, les places sont chères... je préfère l'avoir à l'Intérieur celle-là... elle n'a pas compris que c'était l'heure de Rachida ?... remarquable, Rachida, un sans-faute...

Il se rassoit du coup.

... jeune, belle, femme, d'origine arabe, elle a tout pour elle... surtout, tu vois, François, elle a bousculé son destin, Rachida, c'est ma bande-annonce...

... je veux des blacks, je veux des beurs, je veux des femmes, je veux des jeunes, je veux ceux du camp d'en face, je veux des sportifs, je veux des people, je veux...

François Fillon croque un croissant.

... je veux faire vieillir le mois écoulé...

Il marque un temps ce qui ne lui est pas arrivé depuis une éternité.

... tu vois quand même François, Cécilia a eu

raison d'insister... je lui dois Rachida, je lui dois Martinon... bon, lui, il n'est pas encore fini, je le forme... il me fait un peu penser à moi en moins précoce... pour l'instant il fait encore pipi dans le bac à sable mais déjà il veut marquer son territoire... je vais lui donner Neuilly... il sera parfait là-bas...

Il se lève cette fois pour de bon. C'est pas tout ça.

... dis-moi, la passation avec Villepin, ça va aller ?... il me paraît trop mielleux pour être honnête... tu l'as vu hier à l'investiture ?... tellement souriant... tu me diras qu'est-ce qu'il pourrait faire d'autre que sourire ?... là, on est loin de la naïade de La Baule... et si j'étais lui, je ne partirais pas trop loin en vacances cet été...

Sur le pas de la porte :

... c'est parti, François, on met le feu... on fait fort tout de suite, on y va à fond... après, on profite du mouvement et on accélère... T'as la forme, j'espère...

... viens courir entre midi et deux... on finira de régler tout ça... passe me chercher... tu déboules en tenue... on change tout, je te dis...

... du coup t'as droit à un croissant d'avance...

8 h 40. Dans les nimbes.

Il y a des croissants, énormes, encombrants, entreposés dans la baignoire. Je les ai bien remarqués, ils m'empêchent de me faire couler un bain. C'est bien ma veine, IL FAUT QUE JE PRENNE UN BAIN, bien ennuyée, que faire ? Je ne me vois pas engloutissant les viennoiseries géantes dans le quart d'heure qui vient. L'idée de les balancer depuis le balcon arrive à mon esprit mais repart aussitôt. Sinon, m'en débarrasser dans le couloir et prévenir la réception… Non plus.
Je suis là, empotée, en peignoir, cherchant comment résoudre la situation quand une carte magnétique s'introduit de l'autre côté de la porte d'entrée. Je sursaute, fixe tétanisée l'embrasure qui s'élargit et libère une scène hallucinante. C'est bien toi mon amour mais je te reconnais à peine. Tu rentres de ta nuit en riant fort, tu portes des lunettes noires à monture carrée, ta main soutient une

hanche, vous titubez à deux. Vous n'en pouvez plus de rire. Tu fais comme si je n'étais pas là. Je te parle et le son ne sort pas.
On tambourine à la porte. Room service. Je me lève à tâtons, ouvre et présente une face hirsute. La femme de ménage s'excuse. La pancarte Do not disturb était tombée. Je marmonne quelques mots et retourne comater.

9 h 50. Sur les ordinateurs des salles de rédaction. Urgent.

Le président de la République a nommé M. François Fillon Premier ministre et l'a chargé de nommer un nouveau gouvernement.
Les radios s'interrompent, les flashs spéciaux s'exécutent. Je zappe sur ces antennes fracassées. Déjà les biographies se déroulent, préparées à l'avance et sorties du congélateur. Dans l'arrière-cour des

rédactions mijotent en permanence des morts prématurées et des destins sublimés.
Pour François Fillon, on sent les plumes qui en ont sué. Le nommé ennuie, il n'est même pas une surprise. À la télé, ce sera pire : la discrétion passe mal la rampe, la lumière éclaire bien la lumière. Une chance, la somnolence ne durera pas, la cadence est d'enfer. Demain, la composition du gouvernement. Demain l'ouverture. Une journée sans fin. Je me sens en décalage horaire. Et autre.

10 h 15. D'un bout à l'autre de Paris.

Les réseaux s'activent, les portables commencent à chauffer. Des noms s'insinuent, rebondissent, accusent des démentis. Les listes s'échangent, des évidences se détachent. Les indiscrétions se partagent, faire attention aux sacs de nœuds, les rumeurs servent aussi ceux qui les répandent, des postulants qui jouent leur va-tout ou l'Élysée lançant des os à ronger.

Les services politiques n'ont pas débandé depuis plusieurs mois, ça finit par fatiguer. Une histoire par jour tous les jours. Ils avaient espéré respirer pendant la méditation du président, ils se sont échoués au large de Malte. Les législatives arrivent le mois prochain.

Les demandes d'images d'archives affluent vers l'INA, on veut du Kouchner, les sacs de riz partent comme des petits pains.

Dans les boîtes de production télé, on s'agite sur la famille de Rachida Dati. Un programmateur rôde dans le voisinage prêt à tout pour convaincre le père de venir sur son plateau. De sales boulots s'organisent.

Les bonnes sources circulent, les forfaits explosent, les connexions s'accumulent, des SMS s'envoient en rafale. Les réseaux saturent. Je somnole et ne sais pas encore que tu n'appelles toujours pas.

11 h 00. Toujours au lit devant la télé allumée.

Il s'en passe des passations. La caméra cueille le couple dans la rue. Ils viennent emménager, ils arrivent à pied, ils arrivent à l'heure.
François Fillon et Pénélope née Clarke et galloise sont attendus par Dominique et Marie-Laure de Villepin. Nouveau Premier, nouvelle épouse. Aux suivants.
Les deux couples se rejoignent devant le perron de l'hôtel de Matignon dont l'entrée est décorée d'un huissier prêt à dégainer un immense parapluie noir. En politique, on ne prend pas la pluie.
Les femmes se placent derrière leurs hommes qui vont prendre la parole, l'échange de compliments s'effectue à la bonne franquette, des micros ont été installés à même la cour.
Le grand qui part ne part pas sans vanter ses résultats en grand, il souhaite bonne chance et passe la parole à François.

François n'a pas le flux facile, François sort une fiche de sa poche intérieure. Sa mèche est plus volubile, on sent le coup de brush réservé aux grandes occasions. On entend devoir, on entend ouverture, on n'écoute plus. On passe à Pénélope. Pénélope plantée là sent les regards curieux s'informer de son visage, de son allure, de sa tenue, ses expressions. Elle sait qu'elle vient d'entrer dans une autre sphère.

Le quatrième personnage surprend. Marie-Laure fait parler sa veste. La bourgeoise discrète s'offre une petite sortie de route en fin de parcours.

Comment a-t-elle eu l'idée d'arborer *adios, ciao, bye bye, adieu* en bandes bleues sur son blanc blazer ? Est-elle tombée sur le modèle au hasard d'un shopping grand couturier, le lui a-t-on offert, l'a-t-elle fait faire ? Vient-elle de commettre une facétie, y met-elle de l'ironie, exprime-t-elle un soulagement, est-ce léger ou aigri ?

Le dazibao du 17.05.2007 reste un mystère. Je m'accorde encore un quart d'heure, dernier carat.

11:30 en lettres fluo.

J'ai dû penser à mettre le réveil à un moment donné puisqu'il sonne. Dommage, je m'étais enfin rendormie. Je sens le soleil cogner aux rideaux. J'appelle un pot de café et un verre de jus d'orange frais au secours. Je n'échapperai pas aux croissants. En attendant, j'émerge, ça tangue, risque un pied sur le balcon. La mer scintille et impose son énergie à distance. Je devine des corps qui brûlent. Le ruban de Croisette au premier plan paraît fort prisé. Le jour férié a charrié des touristes venus vaquer pendant le festival. On les reconnaît à leurs shorts, les festivaliers n'en portent pas, à part les journalistes américains. On frappe à la porte. Je revois furtivement mon rêve, le rejette, accueille le monsieur au petit déjeuner. Il cale la table roulante, je regrette la petite culotte en boule dans un coin. Les croissants sont mini, Le Figaro ne me fait pas envie, jamais à jeun. À la télé, François Fillon vaque en combinaison de pilote de course, j'éteins.

Le goût du café me projette dans le film d'hier soir. C'est le flic qui m'arrive, je le revois, en uniforme, le midi, assis au bar d'un diner quelque part dans le Tennessee, une main accrochée au mug régulièrement rempli par Norah Jones de l'autre côté du comptoir. Encore et encore, il raconte combien il aime cette femme qui lui manque, à en boire, à en arrêter de boire, à supplier, à se renfermer. Je le revois malaxer malaxer comme on va mal finir. Après, rien ne sert de passer la serpillière sur les regrets.

Ma tasse heurte la table quand je la pose. Je fonds sur mon téléphone. J'allume. J'attends. Rien. Interroge la messagerie par précaution. Vide. Il est onze heures et demie du matin et tu ne m'as pas encore dit : « Bonjour, mon amour. »

Je décide de te laisser dormir.

11h45. Le Majestic incite à la glandouille.

Je m'accorde Nice-Matin et une cigarette avant de m'activer, c'est promis. Le tapis rouge de l'Élysée est relégué aux dernières pages, on a choisi son ouverture dans la région, Cannes occupe l'essentiel, pour évincer le festival, il faudrait une attaque nucléaire.

Quand même, Nice-Matin a bouclé sa distribution gouvernementale :

Gilles Jacob à Matignon

Gérard Depardieu (« Inspecteur La Bavure ») à l'Intérieur

Jamel Debbouze (« Indigènes ») à l'Identité nationale

J'arrête là, pas drôle.

Je prends des nouvelles de mes copains Jude et Norah, ausculte l'image d'eux en haut des marches, ils sont éclatants. Et toujours sensuellement engoncés sur l'affiche du film. Leurs profils en gros plan,

elle à l'endroit, lui à l'envers, elle coiffée d'un bonnet au crochet vert, leurs lèvres soudées, et les yeux clos. Je ne sais pas pourquoi j'aime tellement cette photo.
Qu'est-ce que tu fous ? Tu me manques. Il se passe quelque chose. J'ai envie de toi dans mes bras. Quelque chose qui cloche. Je t'aime. Je n'aime pas ça. Je ne t'appelle pas, je temporise, plus tard. Je suis en retard. Le check out pointe. Le temps d'un bain. Si tout va bien, la baignoire est dégagée.

12 h 45. Cour de l'Élysée.

La voiture du Premier ministre s'immobilise et crache un homme en short.
Ses baskets foulent les marches, on a bien fait de retirer le tapis rouge. Le joggeur s'engouffre dans le palais.

12 h 45. Dans une suite de Cannes.

Sophie Marceau est annoncée pour des essayages. Elle ose le smoking blanc Yves Saint Laurent. Elle ne sera pas seins nus en dessous.

13 h 00. Cour de l'Élysée.

Deux joggers dévalent les marches et s'engouffrent dans une voiture. Il semblerait qu'il s'agisse du nouveau président de la République et de son nouveau Premier ministre.

13 h 00. Dans une suite inquiète de Cannes.

Finalement, Sophie Marceau passera après le déjeuner. Les retoucheuses comprennent qu'elles vont devoir travailler sans filet, dans l'ombre, à l'arrache, pour la belle qui se sustente et entend être nickel pour les marches dans une poignée d'heures.

13 h 02. Réception du Majestic.

– Vous nous quittez déjà ?
Je ne sais vraiment pas quoi répondre à ça et me fends d'un sourire idiot.

13 h 04. Devant le Majestic.

Je compose ton numéro.

13 h 05. Le Majestic dans le dos.

Quatre sonneries et demie dans le vide. Ma voix inquiète sur ta messagerie. En raccrochant, une moiteur sur ma nuque.

13 h 05. Bois de Boulogne.

Ça s'arrose. Au sommet de l'État, le nouveau mandat s'inaugure à la sueur. 2 joggers au bois de Boulogne, la cinquantaine active, une journée chargée, allons évacuer entre midi et deux. 2 joggers, 2 gardes du corps, tout le monde court. 2 joggers,

2 gardes du corps, la caméra accréditée qui nous montre les 2 joggers puis les 2 gardes du corps du bois de Boulogne.
Ils s'aèrent avant l'ouverture. Ils recrachent l'événement. Leurs foulées refont et refont le gouvernement. Ils aiment l'effort et le mouvement qui forgent les hommes. Ils ne boivent pas, ne fument pas, font du sport, ils veulent durer. Ils veulent tout, l'intensité de l'instant et le longtemps, ils veulent un marathon à la vitesse du sprint.
Maillot mouillé, le souffle syncopé, Nicolas Sarkozy étreint une passante et sourit pour la photo, mon président en short et moi. François Fillon sue moins et ne signe pas d'autographe. Ils ont fini de courir et attendent. Le bras levé, ils s'essuient un filet de sueur cheminant sur leur nuque. Les véhicules sont avancés. L'officiel reprend son cours. Les deux sportifs oxygénés retournent aux affaires. Ils posent leurs corps gluants sur les fauteuils en cuir. Chacun repart dans sa cylindrée. Ça fait 2 pots d'échappement.

13 h 27. Cannes, extérieur jour.

Je marche de plain-pied dans un film extravagant. Des personnages à la Fellini croisent des situations à la Jacques Tati. La starlette se fait marcher sur le pied par tata Renée. Échange d'insulte, dans ses godillots, Renée a le dernier mot. Le public a investi la Croisette. Il flotte un air populaire. Le déjeuner a été rapide, fast-food. Pour le dessert, il suffit de flâner à l'affût de ce qui peut arriver. Croiser Jude Law, répondre à une télé qui a une question, croiser Sophie Marceau, gagner à un concours, croiser une miss météo.
Pour les célébrités, ils n'ont aucune chance. À cette heure-là, les huiles ont rejoint le bord de mer, filet d'huile d'olive sur filet de poisson du jour arrosé de rosé. On ne les voit pas d'en haut. À l'heure du déjeuner à Cannes, la France du bas est au-dessus. Je marche au-dessus, j'ai rendez-vous en dessous, plus loin, du côté des Guignols. Un attroupement

droit devant, une journaliste dos à la mer parle à une caméra, le public la regarde faire.
Quelques rollers déboulent plus ou moins précaires.
J'avais oublié dehors les jours fériés. Habituellement, je les passe à ne rien faire avec toi. Qu'est-ce que tu viens faire là ? Je pense à toi mais je ne pense pas à toi, pas question. Je me suis affolée, je suis fatiguée. Un petit passage à vide. Pas grand-chose, le soleil est en train de me soigner. Je te retrouve ce soir, je vais te serrer, tu me raconteras, je te raconterai. Juillet n'est plus si loin, du temps pour nous, toi et moi au bord de la mer.
Elle scintille devant moi, la même, avec une drôle de tête. De Cannes à Marseille, la Méditerranée se teinte des corps qu'elle charrie on dirait. Là-bas, où nous serons bientôt, la mer paraît plus vivante. Le fond de l'air est al dente. Quand je pense qu'à Paris il pleut. Je vois passer PPD. La marionnette traverse la Croisette devant moi. La tête à l'horizontale, tenue par des tas de bras. Le latex est attendu aux répétitions pour le spectacle du soir.
Quand j'arrive en bas sur la plage, PPDA déjeune avec une créature, c'est la première chose que je vois.

14 h 10. Tomates, mozzarella.

– Non.

Il vient de me demander si je connaissais les deux meilleures de la matinée, tu connais la meilleure, il y en a deux.

Non Léo je ne sais pas. De ce matin, je ne sais pas grand-chose, au rythme où les événements vont, il a pu s'en passer de sévères. En ce moment, les leçons de scénario se prennent à Paris.

– Je commence par quoi, la meilleure ou la meilleure ?

Les yeux de Léo scintillent, on y voit le soleil, la mer, le rosé, et l'amusement. Léo a décidé de vivre légèrement, il le fait sérieusement. Toujours bien informé pour un papillon.

– Elles sont sur quel registre tes meilleures ?

– Une drôle, une tragique.

– Tu ne pouvais pas mieux tomber. Commence par la drôle.

– Je te préviens, au fond, elle est un peu tragique. T'as fait quoi, ce matin ?

– Rien de très brillant.

– Pendant que tu végétais, un mystérieux visiteur entrait à l'Élysée…

– Si tu veux me prévenir que Fillon est Premier ministre, je t'ai connu mieux rencardé !

– Oh là là, je ne soupçonnais pas le coma… Je peux te fournir la liste du gouvernement si tu veux. Elle sort demain matin, ils seront 15. 8 hommes, 7 femmes, si Sarkozy avait pu trouver un demi, il l'aurait mis, son trophée, c'est Kouchner, son symbole Rachida Dati, sinon, y'a trois Christine et le rôle du méchant pour Brice Hortefeux. Ça va comme ça ?

Je lui réponds d'un sourire.

– Non, je te parle de quelque chose qui est tellement gros qu'on n'arrive pas à le croire. Alors, devine qui est allé à l'Élysée ce matin venu du camp d'en face ?

– Pas Jack Lang quand même !

– Tu vois quand tu veux. Il a dit qu'il était venu défendre son département, le Pas-de-Calais, comment un type comme ça peut-il encore prétendre être cru, tu peux me dire ?

– Plus c'est gros, plus ça passe, il va falloir qu'on s'y fasse, mon cher Léo. Tu recommandes du rosé avant le tragique ?

14 h 25. Ça se passe comme ça désormais à l'Élysée.

Maillot maculé, un homme-sandwich en short gravit les marches. Le tee-shirt et les baskets sont siglés Just do it. Il a gardé le rythme footing comme les joggers de la ville sautillant sur place aux feux verts.

Le président de la République n'est pas en avance. Le joggeur doit encore prendre une douche et enfiler son costume de président de la République. On l'attend. Cet après-midi, il consulte, la liste est longue, on va se croiser dans l'antichambre comme dans la salle d'attente d'un médecin qui a pris du retard. Pour l'avenir des patients, ce sera oui ou non.

... c'est qui le premier, déjà ?... ah oui, Devedjian... je commence par le plus compliqué... un fidèle de la première heure... je n'ai pas le choix, les places sont rares, il comprendra... je lui file les Hauts-de-Seine en lot de consolation... à la justice, c'était lui ou Rachida, c'est injuste, c'est la vie... les Arméniens, tout le monde s'en fout... la petite elle a tous les atouts... y'avait pas photo... je la vois déjà la photo de demain sur les marches... jeune, féminine, colorée, ouverte à la gauche... ça changera des vieux schnocks en gris avançant en clan... je boucle l'affaire et demain soir, je rejoins Cécilia à Brégançon...
Sous la douche, il se dit qu'il va lui envoyer un SMS d'amour.

14 h 45. Laisser-aller cannois.

Une douceur s'annonce. Je n'ai pas le choix. Léo me fait languir.

– Le tragique ce sera pour le dessert.

– Tu crois qu'ils ont des tartes aux myrtilles ?

– Ne me dis pas que tu as aimé le Wong Kar-Wai ?

– Si ! Je te le dis, là tu vois, tu m'écoutes bien, eh hop, je te le dis.

Léo me sourit.

– Une tarte aux fraises, ce sera assez sentimental ?

Il hèle une créature en short et passe commande.

Sur la tarte, il réclame une boule de glace, je fonds.

Léo, j'espère que quelqu'un te console.

De lui, Léo ne dit rien et me laisse entre les lignes.

Sa nonchalance est une élégance, sa discrétion une curiosité en ces temps où la sphère publique se badigeonne du malheur ambiant.

Une seule fois a percé son poignant. Un soir de pleine lune à Paris, il m'avait décrit ce coup de poignard, l'autre qui trahit et la possibilité d'un lien qui s'était éloignée pour longtemps. On n'en a plus reparlé depuis. Léo, quand tu veux, je t'attends.

– T'as laissé ton amour à la maison ?

– Pas très longtemps je rentre tout à l'heure.

– Ah si !...

Il a bondi.

... la musique de Blueberry Nights est énorme. Ry Cooder, Cat Power, une tuerie pour chagrin d'amour.

17 h 15. Bormes et ses mimosas.

Une Citroën C6 noire aux vitres fumées se présente à l'entrée du fort de Brégançon. Le paysage coupe le souffle. Cécilia Sarkozy investit la villégiature, son premier acte de première dame qu'elle ne voulait pas être. Déjà elle a fui l'Élysée pour le

Sud, elle conjure l'emprisonnement d'un grand coup d'air. Nicolas s'est installé au sommet, elle décompresse sur un piton. 35 mètres de dénivelé sur la mer, les îles d'Hyères en rade au loin, le rocher pousse la perfection à se protéger du vent d'est. Le panorama impose le point, les yeux posés tout là-bas au loin. Elle aime aussitôt le visage sauvage de la situation. Nicolas n'arrive que demain, quelques heures à elle devant elle.

17 h 15. On ne le sait pas.

Les grands établissements laissent le temps, dans tous les cas il y en aura pour cher.
PPDA a quitté sa table il y a une semaine de JT chrono du lundi au jeudi. Deux bonnes heures que je n'ai pas vu passer. C'est chaque fois la même chose sauf nuit de pleine lune, ta légèreté Léo me fait l'effet d'une bulle.

Deux cafés après la tarte, la tragédie n'en finit pas de se faire désirer.

Nul ne sait d'où il a surgi, un alien vêtu d'un col roulé noir malgré la chaleur s'est incrusté à la table, il a fallu que ça tombe sur nous. Il tient la palme. Ce tuyau-là, même Léo ne l'a pas. Un film roumain. Un avortement sous Ceaucescu. Une scène d'anthologie avec un fœtus. Le zygoto s'illumine quand il en parle.

– 4 Mois, 3 Semaines et 2 Jours. Retenez bien ce titre-là et rendez-vous dans 10 jours (il regarde sa montre), 2 heures et 45 minutes. Si ce film-là n'a pas la palme, Stephen Frears est un enfoiré et moi je me fais la reine.

Ce disant, il empoigne l'un des verres et s'envoie une goulée de rosé, c'est la goutte de trop.

– Je te donne 4 secondes, 3 dixièmes et 2 centièmes pour déguerpir, lui lance Léo.

Quand le doux Léo hausse la voix, même les poissons ont intérêt à filer droit. Le col roulé passe son chemin.

– Où en étions-nous… Hein !

Léo aussi vient de consulter son poignet, la grande

aiguille est bien avancée. C'est la fin de la récré et je vais être privée de dessert.
– On m'attend à l'autre bout de la Croisette, tu fais le chemin avec moi et tu l'as, ta tragédie !

17 h 30. En plein fort.

Cécilia entre dans la chambre présidentielle et balaye l'espace du regard. Quand elle fixe le lit, elle tombe sur des fantômes. Sous ses yeux les couples défilent.
Le Général et Yvonne, ils n'y ont dormi qu'une nuit, le grand n'a pas aimé ses pieds qui dépassaient. Le Général aussi dormait. Yvonne supportait aussi ses ronflements.
Les Pompidou, les premiers bourgeois bohèmes. Il fume au lit, elle lit au lit, dehors brûle le mois d'août 69. Le temps semble n'avoir aucune importance. L'hiver les voit revenir. Le verre de porto fait partie du décor.

Cécilia s'assoit et se dit qu'elle n'imagine pas Anne-Aymone au lit. Elle crache un hoquet de rire en imaginant Valéry en pyjama.

François, elle le voit dormant côté droit, pour le gauche, elle a l'embarras du choix.

Jacques est dans la place, pas Bernadette, elle parie sur une chambre à part.

... Bernadette, il faudrait la canoniser...

Elle ose, s'allonge sur le lit.

... j'aime beaucoup cette femme... elle a tout enduré, dans la dignité...

... comment a-t-elle fait pour accepter de laisser courir son homme ?

... elle est restée, j'ai passé mon temps à partir... quand je ne peux plus mon corps me prévient, je m'en vais...

Elle pense à Jeanne-Marie, qui va se fiancer dans quelques mois. Si seulement son père pouvait tenir jusque-là. Si seulement l'amour pouvait tenir plus longtemps.

D'un seul coup, elle revoit Marie, elle ne l'a pas vu venir. Elle l'a enfouie, elle n'en est pas fière. Pierre et Jean ne parlent pas souvent de leur mère. Marie aurait mérité d'être première dame.

Son téléphone portable lui signale un SMS, encore lui. Elle ne prend pas la peine de le lire.

17 h 35. Martinez-Majestic au pas de course.

Léo allonge l'allure. Il sait se faufiler dans la faune, j'ai du mal à suivre. Au premier ralentissement, je tente ma chance.
– Alors ?
– Ségolène annule la grande fête de dévotion prévue à La Courneuve.
– On l'a prévenue qu'elle avait perdu ?
– Oui, et c'est rien de le dire.
– Comment ça ?
– Une deuxième lame va couper le poil.
Au rythme où il marchait et au rythme où il accouchait, je risquais bien de manquer la fin du film.

– François et elle ne vont plus faire semblant très longtemps.
– Semblant d'être d'accord ?
– Semblant d'être ensemble.
Si j'avais le temps, je m'arrêterais pour encaisser la nouvelle. Je récapitule à haute voix l'étendue des dégâts.
– Dans la foulée, elle perd l'élection et elle perd son mec.
– Elle perd l'élection, elle perd son mec et, en plus, elle perd son mec publiquement. Mets-toi à sa place, tu saurais toi, quand et comment annoncer au monde entier que tu es cocue ?
Si j'avais le temps, j'irais m'allonger sur la plage pour y penser tranquillement.
Un vieux machin en blanc avance vers nous au bras d'une blondeur à l'air prépubère. Léo me tire la manche discrètement, je lui rends la pareille sur le même ton.
Le couple dépassé, nous hurlons :
– Plus c'est gros, plus ça passe !
Notre rire s'entend jusqu'à Monaco.

17 h 45. Sur le lit présidentiel.

Cécilia sursaute, constate qu'elle s'est assoupie. D'un bond, comme prise en faute, elle se lève. Elle ouvre la petite fenêtre pour un peu d'air et c'est le paysage qui la happe. La perspective est totale. Elle reste un bon moment dans l'embrasure à observer la force à perte de vue. Elle affronte la lumière. Elle aura cinquante ans dans 6 mois. Elle sait qu'alors il sera moins une pour prendre le large une dernière fois. Sentir la vie dans ses veines, elle avait treize ans et se réveillait d'une opération à cœur ouvert. Après, elle avait poussé comme une liane. Un vent se lève qui affole le panorama. Comment a-t-elle fait pour se retrouver
Première dame.
De la mauvaise ombre, de la mauvaise lumière. Derrière son mari, devant les paparazzis. Des obligations à longueur de journée. Des tunnels d'ennui. La charité pour unique débouché. Elle ne le pourra

pas, elle ne pourra rien de tout ça, cette vie sous lasso. Le seul lien qui la retient est le petit. Plus si petit, sous ses bras il ne tiendrait pas. Louis comme un yoyo au rythme des relations de ses parents. Elle soupire. Elle fixe la ligne entre la mer et le ciel. Prononce à voix haute la phrase de Nicolas dans Témoignage, elle la connaît par cœur : « Aujourd'hui, Cécilia et moi nous nous sommes retrouvés pour de vrai, sans doute pour toujours. » Ils sont entrés ensemble à l'Élysée, peut-être est-elle allée au bout de ce qu'elle pouvait lui donner.

17 h 55. Cannes, le moment où l'on se quitte.

J'embrasse Léo, jamais je n'aime le laisser. À un de ces jours, si tu peux, porte-toi bien. Il a filé, léger et éphémère. Au loin je le vois éviter avec grâce quelques écueils. Les minutes après Léo sont encore les siennes. Je déambule en pensant à lui.

Ma poche droite vient de vibrer. Un SMS. Je plonge ma main. C'est toi. J'avise un banc et m'y assieds. Regarde la mer. Inspire jusqu'au fond. Appuie sur *lire le message* puis je lis, vite.

Ça commence par Mon amour, la confusion arrive après la virgule. Tu as senti mon inquiétude sur les messages. Tu voulais me laisser profiter de Cannes, j'étais peut-être au cinéma. Tu as très peu dormi cette nuit. Tu ne sais plus où tu en es. Tu n'arrives plus à donner le change, là. Tu es là-haut dans la chambre tu es au lit. Tu tentes de te reposer. Ton téléphone est près de toi.

Je lis et lis encore en pesant chaque mot. Les phrases ont de curieuses tournures, comme un otage lisant sur une vidéo de mauvaise qualité un message hors de ses propos. L'ensemble ne veut rien dire, ne dit rien de bon, le tout en beaucoup trop long.

Une heure devant moi avant la route de l'aéroport, je me dirige vers le casino.

18 h 05. Jackpot à Brégançon.

Soudain Cécilia réalise où elle se trouve. La fenêtre ! La fameuse fenêtre du fort ! Là où Jacques Chirac fut paparazzé un jour les roubignoles à l'air, les jumelles collées aux yeux, mâtant les yachts s'ébrouant sur la bleue. La photo dort sans doute dans un coffre-fort. Nicolas avait récupéré les images interdites auprès d'Arnaud, ils avaient bien ri.

Mouvement de recul, elle ne trouve plus ça drôle. Elle referme la fenêtre et tire le rideau. On l'a peut-être vue, on l'a peut-être shootée, il faut faire attention partout, ils ne vont pas la manquer. Elle se sent possible proie des snipers. Elle est condamnée à la pose ou au viol. Elle se voudrait inconnue reconnue. Elle quitte la chambre.

18 h 20. Entre Matignon et l'Élysée.

La voiture sombre se paye encore la pluie. La mèche gonflée a perdu de sa superbe. Il y a du Droopy dans ce visage préoccupé. En franchissant la Seine, il récapitule ses consultations de l'après-midi. Il a vu Jean-Louis Borloo, il a vu Xavier Bertrand, il a vu Bernard Kouchner, il a vu Michèle Alliot-Marie, il a vu Rachida Dati, il a vu Hervé Morin. Tous venus à lui l'un après l'un, une demi-heure chacun, chacun une unité de son gouvernement de demain. Son téléphone sonne, à nouveau Nadine Morano, il ne prend pas. Le gouvernement Fillon, il l'articule à voix haute et plusieurs fois, le gouvernement Fillon, une fierté. Sous présidence Sarkozy, une épreuve d'humilité. La berline freine méchamment. Devant, déjà les motards ont tourné rue du Faubourg-Saint-Honoré.

Dès Borloo, il a compris qu'il n'était pas le premier. Tout avait été réglé, Borloo sortait de l'Élysée son ministère sous le bras, il venait fixer les modalités chez le second. L'Élysée là où il arrive. Pour la troisième fois de la journée, après le petit déjeuner et le jogging. Il se sent flatté de l'intimité, médite sur ce mandat entamé à deux regardant dans la même direction.

François Fillon fixe les essuie-glaces et navigue à leur rythme entre excitation et frustration. Sa première journée de Premier ministre, il ne sait pas quoi en penser tandis qu'il sent les cailloux de la cour de l'Élysée crisser sous les pneus.

18 h 25. Au casino Barrière de Cannes.

Je tente ma chance chez l'ami de Sarkozy. Barrière propriété Desseigne, l'homme du Fouquet's, le monde est petit, non, les fortunes sont immenses. Je paye un pot plein de 50 centimes d'euros pour savoir où j'en suis.

Pour l'instant, ça tient. Rien de spécial, quelques tentatives pour du beurre, au hasard et sans m'asseoir, un tout petit rototo d'une dizaine de pièces et sa réplique immédiate, simple prise de contact. En même temps je ne peux pas faire comme si j'avais l'éternité devant moi, le temps de jeu m'est compté, un avion à prendre, des comptes à régler. Je ne suis pas à Las Vegas quand tout s'efface, la durée et l'espace, quand exténué ou fauché on découvre ce que réserve la sortie, le jour ou la nuit, quand les machines à sous narguent jusque dans les aéroports et dans les chiottes, quand il est possible de jouer jusqu'au dégoût.

Je regarde l'heure sur mon portable, trois quarts d'heure devant moi, pas lourd.

J'ai changé de coin, je fais plus ample connaissance, hume les machines et leur destin. La bonne au bon moment. L'aléatoire est vertigineux.

Un cri aigu retentit. Une rousse à gros seins a aligné trois 7. Elle partage son extase, ça maugrée dans les parages. Un homme l'a mauvaise, raconte la somme qu'il venait de passer dans la machine, il l'avait quittée juste un peu trop tôt. Eh oui, mon pote ! Tu ne peux pas lutter, tu n'y es pour rien, tu n'as pas démérité, ça allait venir, tu es passé tout prêt, ce n'était pas ton moment.

J'attrape une boisson sur un plateau qui passe, ils savent prendre soin de ceux qu'ils dépouillent, dans les casinos. Je n'ose pas miser. Mon amour, j'ai l'impression de jouer notre avenir. C'est crétin, c'est comme ça. Tant qu'à faire, je passe au poker.

Nevada. 5,607 miles depuis New York. Las Vegas, dans le film, hier soir. Quand Norah Jones fraye avec Natalie Portman. Une joueuse professionnelle en période de déveine, pour qui veut se changer les idées, ça ne se refuse pas. On n'est jamais plus fort que quand on n'a rien à perdre. Et plus fou que quand on risque tout. Natalie Portman mise le maximum même si elle n'a pas beaucoup. Petit à petit, ça paye. Elle roule en Jaguar noire décapotable.

Je cherche des indices dans le hasard. Je joue avec toi en filigrane. En attendant le moment de t'appeler, je joue.

La nuit, Natalie Portman rejoue les mains. La nuit, Norah Jones rejoue son désamour.

– Ça mord ?

Un vieil homme est assis à la machine d'à côté,

concentrée sur les cartes qui défilent, je ne l'avais pas remarqué. Dans le Sud, les vétérans sont en forme.

– Ça mord petit. Pas mieux qu'un brelan pour l'instant.

Il jette un coup d'œil à mon pot.

– Vous avez de quoi tenir, il faut savoir être patient.

– J'ai les jetons mais je n'ai pas le temps, je prends l'avion tout à l'heure.

Tout en parlant, nous continuons à introduire des pièces, déclencher des donnes, conserver des cartes, tenter le gain à quitte ou double.

– Je suis peut-être en train de perdre mon amour.

Je ne sais pas pourquoi j'ai dit ça, c'est sorti tout seul. Mon doigt ripe et appuie sur la touche Mise Maximum.

Mon voisin a stoppé net son jeu mécanique. Il tourne vers moi un visage halé et ridé.

– Vous estimez le risque à combien ? me demande-t-il d'une voix bienveillante.

– Vous savez ce que c'est, 50/50.

Natalie Portman joue au poker comme son père, joueur professionnel. Il lui a tout transmis, elle lui en a voulu.

Il finit sa vie sur un lit d'hôpital, elle croit à un coup de bluff. « Mon père m'a appris que le chiffre après 10, c'est valet », lance-t-elle avec fierté à Norah.

Tiens, je viens de faire une quinte. Je la joue à quitte ou double. Je double. Pas mal, je quitte. Et rassure mon prochain :

– Tout n'est pas perdu, son dernier message il y a moins d'une heure commençait par mon amour.

Je préfère m'en tenir aux deux mots avant la virgule. Le petit papy paraît soulagé.

Natalie Portman donne des cours de bluff à Norah. Ne pas savoir si celui d'en face dit vrai, devoir le croire ou ne pas le croire. À l'inverse, faire avaler des craques à l'autre, le convaincre de ce qui n'est pas. Elles sont face à face à l'heure du lunch sur la banquette d'un diner de Las Vegas. Une serveuse leur ressert du café. Natalie raconte, Norah doit deviner si elle vient de se faire bluffer. Norah n'y arrive pas, elle croit à contretemps.

19 h 05. Cannes, dehors il fait jour.

Il était touchant, quand il m'a dit :
– Je vous souhaite de tomber du bon côté.
Il a parlé presque solennellement dès qu'il m'a vue me lever, la solidarité des joueurs.
– Moi je vous souhaite une quinte flush royale, tant qu'à espérer...
Il a souri, sa façon de ne pas prononcer merci, de base, la superstition.
Je suis partie vite, il avait fait mouche, le moment était venu de faire face, quitte ou double, perdre ou pas, la chance ou la désillusion, les dés roulaient. Les larmes ont percé de deux coups de poignard tandis que je quittais la salle des machines soudain lardée de faisceaux de lumières et secouée d'exclamations par haut-parleurs, il y avait jackpot quelque part.
À pied, de Barrière à Barrière. Sur la route du Majestic, je vois au loin les rois et les reines du jour gravissant l'escalier rouge. Gilles Jacob reçoit en haut, aujourd'hui comme hier. Et ça ne date pas d'hier, Gilles Jacob président. Il a vu gravir devant

lui les plus grands, à l'époque, en noir et blanc, ils faisaient plus élégants. Aujourd'hui, il faut un sein qui jaillit pour faire sensation... ou il faut un chiffre rond. Jacques Chirac avait monté les marches lors du 50e anniversaire. C'était il y a 10 ans, Sarkozy n'était pas président et je ne te connaissais pas, mon amour.

Je sors du film. Sur tous les écrans, continuez sans moi. Je décroche, je quitte le cinoche. Je vais retrouver la pluie à Paris. Vol retour vers la réalité. Les bagages à la consigne de l'hôtel. Le monospace gris sur la route de l'aéroport. La housse couchée à l'arrière comme désincarnée.

19 h 30. Un plateau télé à Cannes.

Quand Jude Law ne monte pas les marches, quand Jude Law ne joue pas un rôle, Jude Law vient à la télé jouer à Jude Law qui commente sa montée des

marches. L'événement vieux de vingt-quatre heures a déjà de la barbe, Jude Law est rasé de frais.
Jude Law joue le jeu. Il raconte la scène du baiser avec Norah Jones, trois jours de tournage à souder ses lèvres à d'autres, la seule fois où Wong Kar-Wai a perdu son éternel sourire en coin. Là, le Chinois jouait son film. Trop long, Jude, trop long, d'autres invités, d'autres stars sous flashes, merci d'être venu, une dernière question pour la route, d'un tapis rouge à l'autre :
– Connaissez-vous le nom du nouveau président français ?
Jude Law répond :
– Euh, Zarovski !
Aux dernières nouvelles, il semblerait que Nicolas Zarovski ne monte pas les marches cette année à Cannes.

19 h 45. Entre Cannes et Nice,
une voix sort de l'autoradio.

La liste du gouvernement Fillon sera annoncée demain matin à 9 h 45 par le secrétaire général de l'Élysée Claude Guéant. Il devrait être composé de huit hommes, dont un socialiste et un UDF, et de sept femmes. Le premier conseil des ministres se tiendra dans l'après-midi.
– Ça vous ennuierait de couper la radio ? Et la clim dans la foulée, s'il vous plaît. J'ai besoin d'un peu d'air.
Le chauffeur obtempère.
J'ouvre la fenêtre en grand, je me fous de Fillon, des films, des flashs, des flonflons. Fatiguée, je suis fatiguée. Je voudrais être rentrée, être avec toi avant que n'arrive tout ce que je ne sais pas.

20 h. Aéroport de Nice.

Ma housse se sent seule. Ils ne sont pas nombreux à rentrer à Paris un jeudi soir férié. L'enregistrement est dégagé, j'enregistre. Billet, passeport. La valise sur le tapis roulant. Couloir s'il vous plaît. L'embarquement dans une demi-heure porte H. Bon voyage.

20 h 10. À l'extérieur de l'aéroport.

Ne plus tarder, ne plus reculer, descendre jusqu'à ton prénom dans le répertoire, appuyer, déclencher ce signal qui quasi instantanément avalera la distance et préviendra ton 06 que ton amour veut te parler.
J'attrape une cigarette. Je ne sais pas ce que j'ai fait de mon feu.

Si j'avais eu une montre, elle se serait arrêtée à **20 h 12**. L'heure de la rupture. Par téléphone, comme Sarkozy quand on le voit de loin portable collé à l'oreille et qu'il se dit des choses importantes.
Six ans, deux semaines, une heure, histoire avortée à l'instant. Je mériterais de décrocher la palme d'or.
De cette conversation mobile, un jour d'Ascension, à l'extérieur de l'aéroport de Nice déserté, entre chien et loup, ne me sont restés que des fragments incertains, la déflagration a détruit l'essentiel de la bande.
Il me semble que ça faisait :
… je ne sais plus où j'en suis… j'ai quelqu'un d'autre dans la tête…
Je prononce son nom. Tu ne prends pas la peine de confirmer.
… il ne s'est rien passé… il ne s'est rien passé entre nous…

Tu le dis plusieurs fois que tu n'as pas encore couché, je mesure l'exploit, toute cette envie ravalée.
... je ne veux pas te faire de mal...
Déjà fait. J'étouffais.
Je me suis entendue dire « tu vas aller la vivre, ton histoire », il ne me semble pas du tout que tu aies protesté, je m'en serais souvenue.
J'ai dit, parce que je ne pouvais plus parler
on ne va pas parler de ça par téléphone.

Je suis assise sur un fauteuil de plexiglas dans la salle d'embarquement à l'éclairage agressif, mes jambes ont cessé de répondre immédiatement, touchées les premières, là, je sens la douleur pointer dans mon dos, atteinte par-derrière. Je me revois il y a six ans, en boule dans mon lit, frappée de coup de foudre, tu venais de repartir, il ne s'était encore rien passé, un de ces jours allait démentir, je me revois fœtus tremblant, atteinte dans ma chair,

aujourd'hui tu vas partir et tu vas me laisser dans l'état où tu m'avais trouvée, ruinée.
Je chiale, Norah, on n'est pas au cinéma, ou alors la scripte a oublié les Kleenex. Je ne suis pas belle à voir. J'attire le regard des rares spectateurs dans la salle. La fille en sanglots à côté d'une housse, un petit film intimiste qui finit mal. J'embarque la dernière, traîne ma carcasse jusqu'à la carlingue. Dans l'avion je pleure toujours, même pas peur. Le fauteuil d'à côté est inoccupé, je me vide.
Le taxi ne traîne pas depuis Orly, le pont de l'Ascension a vidé Paris. Le chauffeur écoute MFM. Michel Berger, « je veux chanter pour ceux qui sont loin de chez eux... ». À un feu rouge, mes yeux rougis se posent sur une affiche de film.

En compétition au festival de Cannes
Les Chansons d'amour

Le vert n'arrive pas. J'ai le temps de dévisager trois silhouettes sous mon nez tuméfié, trois mains qui se scellent.
« ... et qui ont au fond d'eux quelque chose qui fait mal, qui fait mal ».

L'enseigne Tati se dessine au loin. Derrière les néons, la bascule. En réglant la course, je découvre fixé sur le tableau de bord un calendrier 2007 dont on arrache les jours quand ils meurent. Jeudi 17 mai.

APRÈS

Ma France d'après, c'est la vie sans toi. En jours, en heures, en minutes sans toi.
J'avais un amour et subitement, du jour au lendemain, après, j'ai eu un chagrin.
Nicolas Sarkozy n'avait pas menti, sa rupture, c'était le jour et la nuit. La nuit pire que le jour. La faute au lit, au drap, à la couette encore imbibés de toi, à ta taie atone.
Depuis ton départ, ton absence prenait toute la place. Plus Sarkozy envahissait l'espace, moins je supportais ta disparition. Je m'étais légèrement fait avoir dans l'histoire. Lui tout le temps toi plus jamais.
Chaque heure supportée creusait l'écart entre si proches et si loin.

Tandis que le nouveau président éjaculait ses réformes, j'ouvrais les vannes. Jamais je n'aurais cru contenir autant de larmes. Je me réveillais les yeux cernés de paillettes blanches coagulées, j'aimais autant que tu ne vois pas ça, le risque était minimum, tu ne voulais plus me voir du tout, visiblement. Tu m'avais larguée en pleine campagne.

J'assistais hébétée au tohu-bohu ambiant. Sarkozy avait beau avoir été élu sans le suffrage de sa femme, il semblait rester candidat je me demandais bien à quoi. Il n'avait pas gagné et tu m'aimais toujours.

Je savourais sa rupture tranquille à sa juste valeur, juste un oxymore pondu par un cerveau inconséquent payé cher pour ne plus savoir qu'inventer. Je me souvenais être tombée sur le génie un jour à la télé en train de justifier son sale slogan. « Qui peut résister à l'envie de tourner la page ? » s'était-il enflammé carrément content de lui. Moi, connard. Les créatifs de la candidate n'avaient pas fait beaucoup mieux. Un vieil autocollant « demain ne se fera pas sans toi » vieillissait mal sur un mur en bas de ce qui fut chez nous.

L'élection m'avait laissée sur une terre brûlée.

L'heure d'après ce 17 mai au soir tu n'étais plus là. Je suis rentrée, tu te taisais, il n'y aurait plus de cadeau. Que pouvais-je faire, je n'allais pas me rouler par terre, je t'ai demandé de partir vite, tu ne t'es pas fait prier. Dans la seconde, tu as bondi, déjà tu appelais quelqu'un, plus loin pour le faire, déjà j'étais devenue étrangère. Tu as dit que tu allais prendre quelques affaires, tu as pris quelques affaires.
Sous le silence de plomb je vaquais inutilement sans te regarder. Une ou deux fois nos regards se sont croisés dans une brûlure.
– C'est pas contre toi, as-tu fini par articuler.
Ce n'était plus tout contre en tout cas. Je crois bien que je t'ai fait taire d'un geste de la main, je n'étais pas prête pour les phrases définitives. Tu as claqué la porte. Ton départ fut un jeu d'enfant.

Je l'ai vu venir et je ne l'ai pas vu venir. Les pressentiments présentent l'inconvénient majeur de n'être formellement avérés qu'après coup.
Je te regardais succomber en direct live, **ZU** chez l'opticien, une insulte à ma myopie, trop gros pour être possible, tu ne cachais rien, je vous entendais rire ensemble, l'autre à la maison parfois quand j'arrivais, devant mes yeux, tu n'oserais tout de même pas.
Parce que tu m'aimais. Je ne l'inventais pas, tu n'étais pas économe de tes mots, plutôt deux fois qu'une, tu m'aimais en gimmicks. Je m'y réfugiais, j'enfouissais, ignorais les warnings qui montaient en puissance, une ou deux fois j'ai failli mais finalement pas, je n'ai pas mis les pieds dans le plat, je n'allais pas risquer de te donner une si bonne idée si tu n'y pensais pas.
Si, un jour, un air triste, tu me demandes ce que j'ai.
– Rien. Je regarde ce qui se passe.
– Fais-moi confiance.

Il me semble bien que nous nous sommes dit ça un jour, ma grande faute d'y avoir cru.

Le samedi début d'après-midi d'après, j'aimerais l'oublier pour ce qu'il m'en reste. La dernière fois où je t'ai parlé, la première où je ne te connaissais plus. Poker face. Ton visage impassible me renvoyait un mur, finie la connivence, fanée la complicité, flétris les sentiments, j'étais passée du mauvais côté. J'ai eu envie de te secouer, « eh, c'est moi, ton amour ! ». Avant-hier encore tu m'appelais mon amour, avant la virgule. Avant avant-hier encore tu déposais un baiser sur ma bouche, j'y aurais mis plus de cœur si j'avais su qu'il était létal. Six années ensemble dont tu semblais déjà ne plus te soucier, ni les nuits ni les lits ni les à la folie ni l'impossibilité de s'éloigner trop longtemps, ta tête était ailleurs, j'étais devant toi transparente. Je t'ai demandé si tu envisageais de ne plus jamais me revoir tu n'as pas répondu.

Après, j'ai entendu «il n'y a que le temps... ». Je les ai détestés de me dire ça. Ils faisaient ce qu'ils pouvaient, ils pouvaient beaucoup, ils étaient là. Ils m'ont fait vivre, à la petite cuiller. Ils ont pressé des purées, ils ont déjoué tous ces pièges à retardement dans l'appartement, subtilisant en douce quelques traces de toi, ils ont échangé les meubles dans l'espace, dormi là, récuré, redécoré. Ils ont envahi la place désertée, nous parlions, nous parlions, je pleurais, nous parlions. Nous charriions ensemble ce gros paquet de chagrin, à plusieurs sur chaque anse.

Leur colère pesait plus lourd que la mienne. Je n'en étais pas là, je sortais seulement de l'accident. Je n'en revenais pas.

En l'occurrence, je multipliais les circonstances atténuantes. Tu m'avais laissée avec tout cet amour sur les bras, le corps d'un poulet qui continue à courir après décapitation, je te trouvais toutes les excuses possibles.

J'y croyais encore.
La nuit mon portable reste ouvert. Le jour je te traque partout tu vas réapparaître au coin de la rue tu vas sonner un soir pour qu'on se jette dans les bras en pleurant et en se jurant tu vas attendre mon anniversaire dans un mois tu vas m'envoyer un petit mot désolé et craquant un de tes amis va me faire comprendre que tu regrettes ton coup de tête un simple feu de paille une faiblesse de fatigue tu vas m'écrire un message dans Libération tu m'aimes toujours il a fallu que tu partes pour te heurter à l'évidence nous allons nous retrouver pour du mieux encore plus fort puisque nous aurions pu nous perdre tu te mures dans ton ailleurs mais il ne va pas durer, ce simple malentendu.
Le temps me tuait à petit feu.

Après, Cécilia n'a plus pu c'était visible à l'œil nu. L'élu continuait de courir contre la montre en tentant de réanimer les battements du cœur aimé.

Il ne courait qu'à sa perte. Ça semblait tellement foutu que j'ai failli écrire à l'Élysée.

Ils débouchent à pied sur les Champs pour les cérémonies du 14 Juillet, il lui attrape la main fermement, elle trouve la force de se dégager.

Maintenant que je connais la fin je sais que tu n'as plus supporté. Ni mes gestes au quotidien ni mes mots ni mes habitudes ni ma place dans le lit. Je sais que tu attendais que je monte me coucher. Je sais la multitude de tes mots parallèles.

Ils sont plantés en pleine garden party « Les victimes, les héros ». Au micro, il dit :

– Je voudrais dire à Cécilia et à Judith qu'elles sont très belles toutes les deux sur le perron de l'Élysée. Christine Boutin applaudit même si elle n'a pas reçu de fleurs, Judith rougit plus qu'elle ne l'aurait voulu, Cécilia baigne dans la gêne. Du plouc au sublime, il n'y a que l'amour.

Tu aurais dû me dire au fur à mesure. J'aurais pu m'améliorer. Te laisser plus de couverture. Réinventer un avenir. Te prouver, te prouver pour te faire rester.

Ils sont attendus à déjeuner chez les Bush. Elle dit qu'elle n'ira pas. Il a peu de temps pour inventer une excuse comme une arme de destruction

massive : l'angine blanche. Il brode, il coud de fil blanc : l'angine, c'est lui qui l'a refilée à Cécilia.
T'as presque oublié de mentir. Tu as misé sur l'omission. Tu te taisais à en dépérir. A fini par planer une dépression.
Le lendemain, elle parade dans les rues du village voisin le décolleté flamboyant, elle ne fait même pas semblant. Sait-elle seulement que sa gorge la déchire ?
Comment as-tu fait pour aussi bien avoir l'air ? Je t'assure, c'était saisissant. Que du feu, comment ai-je fait pour ne pas voir, pas pouvoir, pas vouloir ? De me dire je t'aime jusqu'au bout tu n'as pas fait semblant.
Il tente un coup, mieux qu'une demande en mariage. Il la fait héroïne. Il peut tout, il est président. Il lui offre le premier rôle dans une production internationale. Attention, pas de doublure. Claude Guéant te couvre. Des voyages en avion. Des heures et des heures de tractations. Tu es la carte maîtresse, la dame de cœur. Tu vas te retrouver en Libye face à Kadhafi. À toi de jouer. La partie sera serrée. Si tout va bien, à la fin, tu files en Bulgarie dans l'avion de la République française raccompagner les infirmières libérées.

L'héroïne est remarquable d'un bout à l'autre de l'épopée. Un grand film d'action populaire au final déchirant. À Sofia, les suppliciées descendent la passerelle, posent un pied sur ce tarmac qu'elles ne pensaient plus revoir. On aperçoit la présence modeste de Cécilia, chemisette blanche à manches courtes, on ne remarque pas trop Claude Guéant. Auprès de son personnage principal, le film fait son effet. Enfin un souffle. Enfin une utilité aux yeux du monde. Une destinée semble se dessiner, princesse au grand cœur.

Ça s'est joué à quoi, ça s'est passé quand, ça faisait longtemps que tu y pensais, tu pensais faire comment, à qui parlais-tu puisque ce n'était pas à moi, avais-tu planifié tes arrières, t'as fait quoi la nuit d'avant, tu comptais me le dire quand, tu attendais une brèche, tu pistais le bon moment, était-il encore temps que je tente d'inverser la tendance, aurais-je dû pleurer et supplier, me raconteras-tu un jour, tout ce qui s'est joué derrière mon dos ?

Patatras, des gens méchants sont venus polluer le conte de fées. Ils exigeaient de connaître les contreparties accordées à Kadhafi.

C'est quand même extraordinaire, auraient-ils

préféré que les infirmières soient encore soumises à torture et à sévices sexuels dans leurs geôles libyennes, HEIN ? Ils n'avaient rien compris. Cécilia a rangé sa robe de bal, c'était décidément sans issue.

Le 14 juillet, je me suis demandé pourquoi je n'étais pas invitée à la garden party de l'Élysée. Comme victime de la rupture, depuis l'élection de Nicolas Sarkozy, j'avais bien droit à quelques marques de compassion.

La semaine d'après, tu avais encore les clés. En rentrant le soir j'évaluais l'état de ton déménagement. Il t'a fallu plusieurs fois, tu te vidais progressivement. Je t'aidais en laissant des tas, il aurait été encore temps. Pour les clés, j'ai dû réclamer. Sur le moment j'y ai accroché quelque espoir. Aujourd'hui je dirais plutôt que tu avais zappé.

Tout de suite après, je n'ai pas tracé, Norah. Je n'aurais pas pu conduire, tu sais, ici, il faut passer les vitesses, il faut passer la première. Un train m'a lâchée dans le Sud. Un été passé à scruter le ciel, je suivais à la trace tous les avions du monde, les traits blancs dessinaient une main portée disparue. Les étoiles filaient, la lune en offrait chaque jour un peu plus, je redoutais la nouvelle, je n'en avais aucune. Le film tournait en boucle, anarchique, une projection permanente dont avaient été mélangées les bobines, les scènes des jours heureux cognaient dans ma tête, les petits riens des dernières semaines s'éclairaient d'une lumière cruelle, je réalisais, perdue face à la mer.

Tu vois, Norah, je n'en suis pas à la boule de glace, pas du tout. Je laisse ça pour plus tard. Plus tard me paraît bien trop tôt. Mes pas restent hagards, je pars en trémolos. J'ai l'émotion déréglée. Une plume me foudroie, un drame m'indiffère. Je sais que tu as connu ça, Jude Law t'aurait embrassée que tu ne l'aurais pas remarqué.

Sait-on jamais ce qui nous sauve, ta gourmandise fut capitale. Des autres et du sucre. Pas de crème sur tes lèvres, pas de lèvres soudées. Ta survie à la vanille.

Si tu veux la vérité, Norah, moi, c'est l'inverse, je n'ingère pas de gaieté de cœur. En perdant mon amour, j'ai perdu l'appétit, j'ai perdu plus de 10 kg. Je vis sans, j'en ai bien conscience.

Après, j'ai compté les 17. Sauf le premier, le 17 juin je n'étais pas en état, je n'étais en état de rien. Le dimanche d'avant, pour la première fois de ma vie d'électrice, je n'avais pas voté. Face à l'abstinence je ne voyais que l'abstention. Aller dans l'isoloir aurait été ton sur ton. J'étais sous anesthésie, Sarkozy aurait élargi l'ouverture à Marine Le Pen que je n'aurais pas réagi.

Le 17 juillet, deux mois, j'ai traité le mal en flambant. Natalie Portman pouvait être fière de moi. Le bluff dans la peau. Une fortune de jetons sur la table, elle fut bonne. Au moins étais-je heureuse au jeu. J'ai repensé au casino de Cannes quand j'avais cru qu'il me restait une chance sur deux.

Le 17 août, trois mois, j'ai failli t'envoyer un texto. Nous avions tellement marqué notre temps ensemble, de moins en moins il est vrai vers la fin ça fait trois mois. Trois mois, bon anniversaire de rupture, mon amour ! On soufflait les cent jours de Sarkozy, la presse rappelait les promesses, on réentendait le triple serment :

« Je ne vous mentirai pas, je ne vous trahirai pas, je ne vous décevrai pas. »

Le 17 septembre, quatre mois, l'alcool s'est noyé dans mon chagrin. Retour de larmes, une sacrée réplique. Tu ne m'avais pas laissé de patch de toi, l'envie revenait violemment. L'envie, le manque,

le besoin, la colère, la rage, l'impuissance, je n'avais toujours pas les mots, un peu de tout ça.
Le 17 octobre, cinq mois, j'ai perdu mon portable. Reset. Je n'y avais pas totalement fait place nette. Perdues, les quelques photos mauvaise définition, ta tête dans l'embrasure d'une chambre d'hôtel, perdus, les textos mis de côté, certains des tiens y traînaient encore. Mais ma mémoire pallie la carte SIM disparue et relit ce message qui tient en deux mots, envoi : C toi.
Le 17 novembre, six mois, j'ai fait comme les enfants, j'ai compté les demis. Une demi-année sans toi, en gros, une demi-année seule sous Sarkozy. Sondage : six mois après, les Français le rééliraient.
Au bout de six mois j'ai su qu'il me faudrait plus de temps.

Après, Ségolène a rompu la première, des deux. Elle a demandé à François de quitter le domicile, de vivre son histoire sentimentale de son côté. J'ai laissé un message à Léo : « Ségolène, c'est moi. » Il a rappliqué illico, je pouvais encore compter sur Léo. La situation m'avait rendue parano, je ne croyais plus sur parole.

Il est là, face à moi, il a fait fissa. Intérieurement, je me répète la leçon : les larmes ne doivent pas couler devant Léo, pas de pathos, pas question. Ne brouille pas d'émotion le diagnostic clinique d'un type qui a déjà eu l'occasion d'explorer un chagrin d'amour à la lampe frontale. Léo, je sais que tu ne me raconteras pas d'histoires.

Il se lance :

– Tu n'y peux rien, il y a une conjonction.

– Comment ça ?

– En tout cas, félicitations, tu étais la première.

– Léo !...

Ma mine est Caliméro.

– ... ne te moque pas trop trop s'il te plaît, je suis KO.

– OK. C'était quand, ta rupture ?

– Le 17 mai.

– C'est le jour où l'on a déjeuné à Cannes !

Il n'en revient pas, il m'a vue vivante quelques heures avant le crash.

– Je suis rentrée à Paris et c'était fini.

– Sans sommation ?

– Non.

– Sans explication ?

– Arrachée et sommaire.

– Et depuis ?

– Rien.

Les quatre lettres pèsent lourd. Rien. Ne pas laisser le silence s'installer sur ce rien.

– Bon, Léo, où veux-tu en venir avec ta conjonction et tes félicitations, je ne comprends rien ? !

J'avais l'impression de traverser la Croisette au pas de charge.

– Tu romps, Ségolène rompt, d'autres suivront, c'est la saison. La première dame ne passera pas Noël à l'Élysée, avec l'automne, tu vas voir, sa mélancolie va revenir à la pelle. Je te promets aussi deux ou trois ruptures people de premier plan, c'est dans l'air de se défaire, surveille bien l'échelle de Richter.

Il s'arrête pour ménager son effet, se rapproche comme pour un secret.
– Et c'est toi qui auras lancé la tendance !
J'éclate de rire tellement c'est gros. Un instant je lui en veux de prendre ma peine à la légère.
– Léo, je repense à tout ce que je n'ai pas fait.
Nous sommes dans ma cuisine américaine d'un côté l'autre du bar. La nuit de juin prend son temps pour tomber. Nos mains se referment sur un verre de Graves.
Il plante un regard allumé dans mes yeux.
– Fais comme tu peux, fais n'importe quoi si tu veux ou ne fais rien, mais laisse sortir. Tu es partie pour des temps agités. Tu vas maudire, tu vas vomir, tu vas manquer. Tu vas morfler, je ne vais pas te dire le contraire, assure-toi de quelques épaules accueillantes et laisse couler. Dérive.
Il remplit nos verres.
– Très important : je te déconseille vivement le sirop, c'est du poison. Si t'espères, tu perds parce que l'étape d'après tu désespères. Tu laisses hier, tu t'abrutis de maintenant. Ne me regarde pas comme ça, je sais bien que tu n'as l'envie de rien, que tu vacilles face au vide. Petit à petit,

peu à peu, tu vas repartir, tu crois que ça se passe comment, une rééducation ? Millimètre par millimètre, en rechutant. Un jour je te raconterai combien j'en ai bavé à me sentir lavette mais ce n'est pas le moment.

Il allume une cigarette.

– Je te préviens aussi que tu vas t'en sortir, tu sais pourquoi ?

Je fais non de la tête, petite chose.

– Parce qu'au bout de tout ça, un beau jour, tu seras persuadée que c'est tant pis pour l'autre. Et alors là…

Il se lève subitement et fonce sur une fenêtre qu'il ouvre en grand, toutes y passent, l'une après l'autre, en courant comme un fou dans l'appartement. Le voilà qui monte au premier, continue sur sa lancée, la chambre, la salle de bains, je l'ai suivi, dans chaque pièce désormais le dehors s'engouffre, il s'arrête hors d'haleine.

… et alors là, toutes ces amours présumées que tu vas laisser entrer !

Léo, je t'aurais tout fait, je fonds en larmes.

Il tend ses bras et me serre, puis il murmure dans mon oreille :

– Qu'est-ce qui t'a été fatal tu crois, l'élection de Sarkozy ou la projection à Cannes de My Blueberry Nights ?

La rumeur s'exhale. Les toits de la ville évaporent les fumets. Partie. Partie. Le mot ricoche à droite à gauche. Les détails se refilent sous le manteau. Les sourires d'initiés s'aiguisent. Cécilia, tes oreilles qui sifflent !

Partie, repartie. T'es sûr. Partie pour qui ? Pas certain, pour personne peut-être bien. Back to New York ? Impossible à ce qu'il paraît le publicitaire s'affiche avec une femme connue, MM... mais non, t'es con, pas Mireille Matthieu. Partie et même portée disparue. Page blanche, t'as raison. Les angines, toujours les soigner, elles peuvent dégénérer. Si, encore son alliance. Hypernerveux il paraît. Arrivés à ce niveau-là, les tics s'appellent des tocs. J'aimerais pas être Martinon, non, non.

Non, j'ai tout essayé, personne ne parle, je croyais avoir des contacts, j'ai des carpes. Affaire d'État. Comment ça, les affres conjugales du président ne nous regardent pas ? Tu veux que je te rappelle le fleuve Maroni ? Le clip de leurs retrouvailles en Guyane, c'était une coproduction. Ils se montraient heureux, on filmait. Tiens, je te repasse le ralenti si tu veux : ils se sont sapés coordonnés, le jean, la chemise blanche, les Ray Ban on se voit dedans, ils marchent en se tenant par la main, ils voguent en pirogue en se regardant et en riant très fort. Ils sont pudiques, ces gens-là, ils ne nous donnent que le bon... Prière de se goinfrer du bonheur et circulez quand ça déraille ! Tiens, toi qui t'en tiens aux faits, tu ne te pencherais pas sur les absences officielles, c'est dans ton registre, l'officiel ? Tu sais depuis quand la première dame n'a plus été vue publiquement ?

Elle l'enterre, elle y va. Ses deux blondes viennent de perdre leur père. Orphelines, ses deux petites sous ses bras, ses poussins, quand elle était partie pour Nicolas. Elles sont à nouveau en noir à ses côtés, l'église quelques mois après l'Élysée, encore des marches à gravir en ligne, la peine en public après la félicité.

Nicolas n'est pas là, à l'enterrement comme à l'investiture, on recense les absents. Pour l'hommage au mort, le président de la République s'est abstenu. Décidément, c'est la grande saison du blanc. À quelques mois de ses cinquante ans, Cécilia voit mourir un pan de sa première partie de vie. Quand elle avait épousé l'homme le plus connu du pays rencontré à la maison du caviar. Quand le maire s'était imaginé en marié. Quand Marie l'amie tenait la main du maire. Quand les histoires d'amour nuisent gravement à l'amitié.

Les journaux ces jours-ci ont recraché la photo du canevas conjugal initial. Les deux couples côte à côte chacun son nouveau né posé sur les genoux de la mère. Jacques le bras passé derrière les épaules de Cécilia, Nicolas le bras passé derrière les épaules

de Marie. L'instantané a de faux airs de sépia. Le passé apparaît complètement largué.
Aujourd'hui à Lyon, Cécilia n'est pas la seule ex, il n'y a que ça. Le défunt et ses liens défaits. Fatalement, les veuves sont de plus en plus jeunes, l'un des orphelins porte une culotte courte.
Cécilia ressort de l'église au bras de Rachida, la plus noire, la plus éplorée, plus veuve que toutes les veuves. Rachida Dati, l'amie, comme une sœur. Un pied en camaraderie, un pied au gouvernement.
Aux obsèques de Jacques Martin, Marie n'est pas venue.

Il ne reste plus guère d'indices matériels de ta vie ici. Tu avais repris le plus gros, ça voulait dire en laisser partout. J'y suis allée coin par coin, strate par strate, sac-poubelle à la main. Contre mon gré, je me suis désinfectée de toi.
J'ai jeté : des papiers des polaroïds des jeans des

shampoings des vieilles tennis des écharpes des médicaments un passeport périmé une ancienne paire de lunettes de vue des photos de toi enfant des places de concert des autoportraits au feutre bleu, j'ai jeté tout un passé de toi. Parfois, en triant, en enfouissant ces vêtements que je te revoyais porter à mes côtés, toutes ces tenues imprégnées de mon amour sans retenue, je me disais que c'était comme vider les affaires d'un mort.

J'ai gardé tes lettres, tes mots, tes post-it d'amour, j'ai gardé quelques photos et deux trois bricoles qui ne te regardent pas. J'ai gardé pour ne pas frôler la folie en doutant de la réalité de ces six années. J'ai réuni les preuves de toi dans une boîte. Ton caveau est siglé Lancel, j'espère que ça te va.

Après, je n'ai plus écouté de musique. J'aurais été capable de chialer sur du Chimène Badi. Un magasin, un clip, la radio, un passant sifflotant dans la rue, je n'étais pas à l'abri d'une mélodie ou d'une rime dégoulinante qui fassent mouche. Toutes les voix chantaient pour moi, spéciales dédicaces à ma tristesse, j'étais la fille au premier rang dans la fosse qui reçoit de plein fouet les vibratos plus ou moins bien gaulés.

Ma playlist s'écrivait par le vide. Ma programmation devait éviter :

les chansons qui me parlaient de ton départ, les chansons qui finissaient bien, les chansons sentimentales, les chansons que nous aimions, les chansons qui avaient accompagné notre histoire, les chansons que je t'avais fait connaître, les chansons que tu m'avais fait connaître, les chansons que tu avais prises en partant, tiens dis donc, il me manque un Miossec, tu ne l'aurais pas emporté par mégarde dans ta précipitation à débarrasser le plancher ?, les chansons en roulant, en s'aimant, les chansons à fond dans l'appartement, les chansons ressenties ensemble en concert, les chansons qui s'échappaient de la salle de bains quand tu prenais ta douche, les chansons en vacances, les chansons crétines que nous aimions quand même.

J'avançais sans bande-son.

Après, Michel Delpech s'est invité à l'Élysée. Un couplet est venu couvrir Toi Sarko tu m'as pris dans tes bras. Ça faisait :

Tu garderas l'appartement
Je passerai de temps en temps
Quand il n'y aura pas d'école.

Après, j'ai revu Jude Law et Norah Jones. Ils s'aimaient toujours, l'exception qui confirmait la prédiction de Léo. Un jour, dans la rue, IXe arrondissement de Paris, près du Casino, plein après-midi, ils étaient là, devant moi, en gros plan. J'ai stoppé net sur le trottoir pour les contempler ils avaient peuplé mon histoire. Les mêmes, lui barbe naissante, elle, bonnet vert au crochet. J'ai fixé leurs lèvres soudées sans pouvoir m'en détacher. Ils s'enlaçaient, ça roulait mal, l'affiche sur le cul de bus prenait de l'avance avant que je ne la rejoigne à pied, hypnotisée. Le 68 a fini par disparaître au loin.

Le baiser faisait des petits partout dans Paris, on me dépossédait de mon histoire. Mon chagrin d'amour, bientôt dans les salles.
Avec anxiété, j'attendais les critiques. « Rien à sauver, vraiment rien, ni les acteurs, ni ce scénario pour minettes niaiseuses », avait déjà flingué une plume de Cannes. Je sentais bien que l'amour en miettes pouvait rendre tarte.

Après, la France a perdu le Mondial et sa première dame. Ça s'est joué en mutiplex.
Le 15 s'est fait plaquer. Jusqu'au bout le président a cru aux prolongations. Aucun hakka n'a compté. Pour elle, le jeu ne valait plus la chandelle.
Il affronte le froid de la petite finale. Son couple est au stade terminal. Tout petit au pied des gros bras, il passe les troupes cabossées en revue. Aux yeux du Mondial, il expose ses bleus. Sur la pelouse du Stade de France, le perdant est défait.

Depuis la veille, C. n'est plus. Plus qu'une dame plus première, elle n'a pas tenu six mois. Plus qu'une source sûre qui fait fuiter l'info. Plus qu'une partie adverse qui exige le mot divorce. Plus qu'une mère, Louis et chaque parent en alternance, le montant de la pension. L'héroïne a eu besoin d'air. Nicolas, aime-le ou quitte-le. Elle est partie, il est par terre.

La baraka le quitte. La France a perdu à domicile. Cécilia ne dormira jamais à l'Élysée. Les infirmières bulgares n'ont rien pu faire. Demain Jeanne-Marie comme sa fille va se fiancer sans lui, il l'a connue gosse. Sa sœur aussi, plus de blonde dans le paysage. Le match n'en finit pas. Devant ses yeux, un bleu se fait plaquer. Bernard Laporte, n'importe quoi, rien qu'un abruti bon qu'à carboniser Guy Môquet.

Engoncé dans la tribune présidentielle, il assiste impuissant au second triomphe argentin. Entre les deux, il avait eu le temps d'y croire, champion du monde. Il revoit ses troisièmes mi-temps victorieuses en célibataire quand tout restait possible, la fête avec Barbelivien et Enrico. Ses bleus avaient vaincu les Blacks. La fureur de l'orgueil avait souf-

flé à Cardiff. Les coqs étaient de retour. Ils revenaient de loin, elle ne s'éloignerait pas.
L'élimination est venue d'Angleterre. Là-bas ça se dit bye bye. Il fait un temps de chien sur sa France d'après.

Après on a su que Cécilia n'était pas Jackie. Un chèque ne l'aurait pas retenue. Jackie Kennedy était restée jusqu'au bout, jusqu'aux bouts de cervelle sur son tailleur rose à Dallas. Elle avait accepté de vendre sa liberté à son beau-père, partir en pleine campagne, elle n'y pensait pas, une bonne compensation avait fait l'affaire, elle n'imaginait pas que ça lui coûterait si cher.
Si tu manquais de quoi que ce soit
Tu peux toujours compter sur moi
En attendant que tu travailles.
Cécilia a plaqué sa vie en or massif. Elle a plaqué un président. Elle a plaqué son emploi fictif. Elle a

plaqué sa vie d'avant. Elle a plaqué son départ sur le précédent.
Elle est partie avec son Louis sous le bras. Elle a fui le grand, elle a la garde du petit. Elle reste à Neuilly, le petit a besoin de repères, une mère, un père qui fut maire. Pour l'avenir, elle verra. Elle va chercher sa route la trouille au ventre comme une évadée encore sapée Prada. Elle aimerait se faire oublier, elle aimerait exister. Elle veut une vie à elle. Elle s'offre le luxe de ne pas savoir qu'en faire. Elle continue à claquer sévère dans les magasins chics. Elle est redevenue Cécilia Ciganer-Albéniz qui veut qu'on l'appelle Sarkozy.

Après, je n'ai plus rien reconnu de toi. Tu te taisais toujours, j'entendais parler de toi. Les bribes étaient incompréhensibles. Tu semblais agir comme quelqu'un d'autre que je ne connaissais pas. Dans ta nouvelle vie, tu avais changé d'identité. Je gardais sur mon corps tes empreintes digitales pour témoigner de qui tu avais été, un jour.

À distance, je n'étais pas certaine d'aimer ton nouveau personnage. Tes contradictions me froissaient les oreilles, entre larsen et acouphène. Avant, après, vous n'alliez simplement pas ensemble. Ça jurait. Des deux, qui tenait le rôle de composition ? Dans le rétroviseur, je n'étais plus sûre de rien.

Désormais, entre nous, c'est du muet. Depuis, pas un mot. Pour avoir de tes nouvelles, je lis ton horoscope. Notre passé est parti au pilon. Je suis une cigarette au coin de la bouche du cow-boy effacée au numérique quand les fumeurs ont été cloués au pilori un beau jour avec effet rebours. Au temps de l'argentique au moins gardait-on des traces.

Je reste là, tellement déçue de la fin bâclée de l'histoire.

Au moment de retrouver l'ombre, elle s'est exposée pour dire combien elle avait souffert de la lumière. L'encre du communiqué officiel annonçant le divorce à peine sèche, elle s'expliquait déjà, faisant immédiatement mentir le communiqué officiel précisant qu'il n'y aurait aucun commentaire. C'était chacun pour soi à effet immédiat.
Elle avait choisi Elle, elle eut la Une rien que pour elle. Elle y défendait son rôle dans l'histoire.
Les partants aussi veulent être plaints. Les partants ont tout tenté pour éviter de partir. Les partants n'ont pas choisi la facilité. Les partants louent les vertus de la personne qu'ils quittent. Les partants soulignent les risques qu'ils prennent. Les partants plaident qu'ils ne pouvaient plus faire semblant plus longtemps. Les partants n'ont pas pu faire autrement. Les partants ne veulent plus rien entendre. Les partants revendiquent l'honnêteté. Les partants ne pensent qu'à eux.
Dès le lendemain, il n'a plus vu qu'elle. Elle avait avancé sa parution au samedi. Elle était si belle à la une de Elle. Elle le narguait pleine page. Elle se jouait de lui dans un magazine ami. Le monde est

petit, non, la concentration est sévère. Cette fois, c'était celle de trop, le grand patron avait choisi son camp.
... ou alors, il ne comprend rien... il me liposuce un prétendu bourrelet mais il est à deux doigts de révéler l'abstention de Cécilia... là, il me poignarde alors que je suis à terre...
Il tient la une à bout de bras, juge de l'effet de sa défaite

CÉCILIA LE DIVORCE
NOTRE INTERVIEW EXCLUSIVE
« JE VEUX VIVRE MA VIE SANS MENTIR »

De rage, il envoie valdinguer le féminin. Il sent un étau autour de sa tête. Il a perdu, il l'a perdue. Il se lève, ramasse le journal, s'y replonge, identifie la phrase qui le ronge. Quand Cécilia dit : « Aujourd'hui, il n'a plus besoin de moi. »
Tu ne m'as pas demandé mon avis, pour une fois, tu as décidé pour deux. Tu as joué un peu perso sur le coup. Tu te battais contre toi-même pour ne pas me faire de mal, j'aurais peut-être pu te donner un coup de main.

Tu tentais de nous sauver en me tenant éloignée. Tu collais tes rustines dans ton coin et tu revenais chanter l'amour en play-back. T'aurais pu m'en toucher un mot. Il paraît qu'à deux, on est plus fort.

Il ne comprend pas, il a tout tenté. Pour elle pour Louis pour lui. Jusqu'au bout il a cru pouvoir la retenir. De quoi aura-t-il l'air à l'Élysée en célibataire ? Perdre le rend fou. Supporter l'impuissance, il ne peut pas. Il gobe un chocolat. Il revoit le geste compatissant d'Angela Merkel tout à l'heure à Lisbonne. Il préfère être félicité que consolé. Depuis hier, il ne croise que des regards gênés. La presse s'est régalée. Il gobe un autre chocolat. Martinon a eu l'air d'un con, il s'habituera. Il ne se fait pas à la défaite. Il consulte sa Rolex, le match ne va pas tarder, le rugby commence à le gaver. Pas drôle, quand c'est paumé. Demain matin, il ira courir au bois. Se laver de tout ça. Allonger la foulée. Aller chercher l'euphorie au fond de la souffrance. Sans elle, il va s'en trouver de plus belles. Il en gobe un dernier, juré. Et se lève. Il se promet de brandir son futur trophée à la une de Paris Match. Ils lui doivent bien ça.

Je n'ai pas lutté, je ne suis pas passée à autre chose.

Mes coups de poing partent trop tard je tape dans le vide. Tu as filé entre mes doigts tu m'as eue par surprise. Avant que je ne réalise tu avais déserté la place. Je me bats contre une ombre. Je combats pour du beurre. Je me réveille en sueur. Tu ne dors plus à côté.

Après, je suis retournée aux États-Unis, New York City. Tu m'avais privée de toi, je n'allais tout de même pas me priver de tous les lieux où nous avions traîné toi et moi. Surtout pas New York, là, tu m'excuseras, tu ne fais pas le poids. Un moment que je venais chercher le point à Manhattan, toujours au téléobjectif, souvent vers le ciel. J'en repartais un peu moins floue. Parfois, au développement, y'en avaient des pas mal. Seule, à arpenter les courants et les courants d'air, à avaler les blocks, à croiser des frappadingues qui ne surprenaient personne, figurante au hasard d'un film sans fin.

Dans la Pomme, je sautais le milieu. Tout sauf Times Square. La 5e Avenue était trop Sarkozy. Clinquante, tonitruante, sûre d'elle, royaume des marques, la loupiote écarlate et la performance en ligne de mire. Je me suis posée là-haut. À l'opposé de Cécilia. L'ouest plutôt que l'est. À l'opposé de toi. La dernière fois, nous étions en bas.

Depuis l'Upper, un jour, j'ai pris la ligne 3, downtown only. Je suis retournée au Mémorial. Les manquants manquent toujours. La vie s'est reconstruite autour.

(2001-2007). Nous n'avions que quatre mois quand c'est arrivé pour les jumelles. Je me revois en voiture sur les quais de la Seine rive gauche, la radio vivait la sidération en direct, on parlait d'autres avions détournés et l'on ignorait où se trouvait George Bush. J'avais pensé que je te connaissais depuis peu et que tu comptais beaucoup.

Nous avions un an et demi quand je suis allée à New York avec toi. J'ai poussé le cliché jusqu'à une photo de toi sous la sculpture Love, trois tonnes d'acier posées quelque part dans la ville, du solide qui ne risquait pas de fondre au moindre aléa.

Celle-là, j'ai mis du temps à la ranger. Elle est toujours au même endroit, retournée.
Nous avions quatre ans quand je suis allée à nouveau à New York avec toi. Tribeca. Un nom d'hôtel que les chauffeurs de taxi ne comprenaient jamais quand nous le prononcions. Le premier dimanche très tôt sur le Brooklyn Bridge sous brouillard. Je dois t'avouer que tu m'as un peu pollué le pont, après. J'adorais marcher à New York à tes côtés. Après, j'y suis repartie sans toi. J'ai écumé la ville. Je crois bien que le diner de Jude Law n'existe pas.

Après, j'ai vu Les Chansons d'amour. C'était risqué. Les larmes ne coulaient plus, elles affleuraient. Je faisais gaffe comme une grande brûlée. Tu m'avais livrée à la vulnérabilité, j'évoluais toute nue en priant pour que personne ne me voie. J'étais mince, je risquais gros. Fleur de peau, graine de parano. Mon amour m'avait fait du mal. Les chansons d'amour ne tombaient pas bien. J'ai traité le mal par le mal. J'ai bien fait.

Un tiers du film et c'est fait. L'agitation des gyrophares. Un cœur adoré qui lâche définitivement. La tragédie comme une tâche sur l'insouciance amoureuse. Le mauvais rôle pour ceux qui restent.

Au jour le jour, c'était tout comme. Nulle trace de toi, le néant. Ton cœur m'avait lâchée. Si j'avais su, je l'aurais tenté, le massage cardiaque, le faire repartir pour moi. Et rien ne sert de me dire que tout n'est pas perdu, qu'il bat encore, puisque c'est pour quelqu'un d'autre.

Devant l'insupportable, ils chantent. Pour ne pas mourir, ils chantent. En souffrance, ils chantent. Face à l'absence, ils chantent.

Tout est ma faute, je n'ai pas su. Te garder, te regarder, te sauvegarder. Je n'ai pas su la légèreté, j'ai oublié de jouer.

Va pas plus loin chercher, c'est ça aimer, une musicale comédie. Les sentiments qui se font la malle sur un simple claquement de doigts.

À la fin des chansons d'amour, l'amour revient, surprenant, on ne l'attendait pas par-là, d'ailleurs on ne

l'attendait pas du tout. Alors se remettre à y croire, pour la beauté du geste.
Et aussi ce plan fugitif, les personnages au faîte de leur histoire marchent sur un trottoir de Paris, au second plan, l'affiche de campagne de Sarkozy du côté du QG de la rue d'Enghien. Le possible avait de drôles de jours devant lui.

Après, les cercles se resserrent ou se défont. Face aux deux qui ne font plus la paire, observer les coudes qui se serrent et les distances qui s'opèrent.
Les amis vont nous questionner,
Certains vont se croire obligés
De nous monter l'un contre l'autre.
Tes amis avaient suivi ton sillon, ils avaient sans doute accompagné tes sentimentales pérégrinations, ils ont su avant moi et pour certains poussé à ta décision. Je n'ai plus eu l'occasion de les saluer, je m'étais un peu attachée tout ce temps qu'ils

venaient dîner ou dormir à la maison. De bonne guerre, puisqu'il fallait la faire. Pas un qui ait déserté de ton côté. On ne peut pas en dire autant du mien. Un faux ami qui finit mal. Une seconde cicatrice dans mon dos, on ne prête qu'aux riches. Les connaissances communes avaient navigué, je ne revendiquais pas l'exclusivité. J'espérais juste une certaine étanchéité, à double sens. Il m'est arrivé de tomber sur du poreux.
Pour Rachida, c'était délicat. La garde des Sceaux voulait garder sa sœur. Poussée par Cécilia, promue par Nicolas, le grand écart entre amitié et gouvernement semblait nécessiter une certaine souplesse. Au moins avait-on échappé à un mauvais remake : il fut un temps où dans le scénario, l'amie trahissait en devenant l'amante.

Après, il a bien fallu que ça arrive. Je n'allais tout de même pas attendre le DVD.

9,90 euros plein tarif 12/12/2007 13:15 Salle 12 / My Blueb.
La salle 12 du Pathé Wepler n'a pas les honneurs de la place de Clichy. La salle 12 se contente de la rue adjacente. Je suis en avance, la salle 12 est vide. Le temps de lire le journal, la 12 plonge dans une semi-pénombre pour les pubs et les bandes-annonces, je réalise que je ne suis pas entrée dans une salle de cinéma depuis ce film prémonitoire qui fait que je suis assise ici pour le revoir. Derrière moi s'installe un seul, comment dire, pas exactement le physique de Jude Law. Il fait encore plus froid que dehors, ou alors j'appréhende, je me couvre de mon manteau. Passe une pub pour Lancôme, « L'amour est un trésor ». Je me sens bizarre comme avant un rendez-vous. Passe une pub pour Lancia aux bons soins de Carla Bruni, « Bang bang, my baby shot me down ». La première fois que j'ai vu Norah se faire larguer, c'était le 16 mai, j'en mets ma main à couper, Sarkozy en était aux préliminaires, je ne savais pas que je vivais mon dernier jour avec toi, mon amour, tu m'excuseras de ne pas avoir été là. Le noir se fait, je ne me souviens pas du tout comment ça commence.

Un générique qui dégouline de myrtilles et de crème, une alchimie de liquides et de couleurs, et puis :
un métro aérien zèbre la nuit. Comme Barbès, mais à New York. Jude Law apparaît débordé dans son diner, Norah entre, etc. Je connais par cœur, je ne vois pas le même film, entre-temps mon cœur a morflé. Je ne compatis plus, Norah, au rythme des ralentis stroboscopiques, je prends de la graine, des bottes à la place des talons aiguilles, depuis, l'hiver a débarqué, j'ai du chemin à faire, je note l'itinéraire par où tu t'en es sortie. Certaines répliques font écho comme prononcées en plein Grand Canyon, les chagrins d'amour sonnent pareil à Paris, New York ou Hong Kong.
« Je cherche une raison, il n'y en a pas, l'affection s'est envolée. »
« Elle était jolie, l'autre ? »
« Parfois, mieux vaut ne pas savoir. »
« C'est pas mon fort, la confrontation. »
« Comment quitter quelqu'un sans qui on n'imagine pas de vivre ? »
« Je n'ai rien à te dire. »

«Je vais partir refaire ma vie, je ne veux plus te voir.»
«Je rêvais qu'il meure, la seule façon de me détacher de lui.»
«Je ne sais pas s'il fait jour ou nuit, comme ça je n'ai pas à me soucier de mes insomnies.»
«On peut battre des joueurs, pas le hasard.»
«On ne peut pas être veinard et avare.»
«Pourquoi m'as-tu menti ? Pour voir jusqu'où allait ta crédulité.»
«Arrête de croire sur parole !»
«J'ai appris à me défier des gens et heureusement j'ai échoué.»
Depuis Cannes, le film avait été remonté et amputé d'une bonne vingtaine de minutes. La fin n'avait pas changé : au bout de son périple, Norah Jones revenait réparée.
«Ce n'est pas si difficile de traverser la rue, il vous attend quelque chose de l'autre côté.»

Après, on a su le prix à payer pour l'héroïne. Exorbitant. Un énorme palot de la mort. Sur la bouche de Kadhafi, le baiser, parce que Nicolas voulait l'aimer encore un peu, Cécilia.
Le colonel décati écuma Paris avec sa clique, il avait planté sa tente, il bloqua les ponts, privatisa La Joconde, fit des achats, chassa, fit comme chez lui, il ne partait plus, il était gonflé, il se goinfrait. Il paraît que Kadhafi a demandé à voir Cécilia. L'héroïne avait quitté le film bien avant. L'histoire continuait sans elle. Le président largué réglait les arriérés. C'était comme assumer les traites d'un appartement acheté pour elle et y dormir seul.

Après, les ex s'en sortent plus ou moins bien. Mon cas était réglé. Je n'existais même plus en ex, ou alors extrêmement subrepticement.
D'eux, des ex, on a eu des nouvelles. Ségolène, l'ex-

future première présidente de la France, l'ex-concubine de François, est revenue sur scène, un livre, une tournée promotionnelle. Elle continuait à la jouer sentimentale, « Ma plus belle histoire c'est vous », soit on était Barbara, soit c'était triste à pleurer. La solitude de l'adulée le soir dans sa chambre d'hôtel, 17 millions de personnes l'avaient choisie et personne dans son lit. Je la regardais à la télé jouer à la guérie aguerrie. Elle en avait bavé mais c'était reparti. Elle se tenait les côtes comme une écolière en racontant quelques épisodes croustillants. Elle moquait la peur de la panne de l'homme du Modem qui l'avait laissée en bas. Elle en plaisantait, grivoise. Jeanne d'Arc n'avait plus de mec, ce n'était pas une raison pour devenir une sainte. Dans son livre, elle confiait combien elle avait attendu François en vain pendant la campagne. Usait d'une image de midinette, « pas d'épaule où poser son front ». Elle lui souhaitait d'être heureux. Elle révélait qu'il avait voulu revenir.

Je sais que ce ne serait plus possible, je le sais bien. Je me suis parfois posé la question ou on me l'a posée. La date de péremption est dépassée. Le silence a creusé l'écart.

François a fait savoir qu'il n'entendait pas devenir ex-ex, il était heureux dans sa nouvelle vie. Toi aussi à ce qu'il paraît. La réalité n'a aucune importance.

Je ne pouvais plus voir François Hollande autrement qu'en suceur d'orteils. C'était cruel, pour le coup, des deux ex, il n'était pas celui qui avait accouché devant les caméras. Un objectif l'avait chopé tétant le pied de sa maîtresse en pleine mer, les magazines se tiraient la bourre, les limites avaient volé en éclats, tout était bon dans le cochon, les gens achetaient.

En zappant, je tombais justement sur la femme aux orteils, elle avait un visage, le visage passait à la télé, elle était journaliste politique, face à elle ce jour-là François Bayrou, j'étais à me demander si elle allait oser quand elle osa.

– Comment avez-vous réagi à la lecture du livre de Ségolène Royal ironisant sur votre peur de la panne ?

Le monde politico-médiatique était petit et en pleine partouze, les liaisons étaient dangereuses.

Le Figaro venait de publier un portrait de Claude Chirac, « Claude Chirac, du père à PPR », tout tenait

dans le titre, son père devenu ex, elle coupait le cordon pour intégrer la maison Pinault dirigée par un autre enfant d'ex, François-Henri, lequel venait d'effectuer une sortie spectaculaire en faisant un enfant à la comédienne Salma Hayek, une petite Valentina Paloma. Le fils de apprenait vite.
« Claude Chirac est devenue une star malgré elle. Une star empêtrée dans ses contradictions. Tiraillée entre l'ombre et la lumière. » Le compliment aurait exactement valu pour Cécilia. D'ailleurs, le papier était signé Anne Fulda. 3 ex réunies sur une page 16. Pour suivre les infos, il fallait un Trombinoscope.
Et petit à petit, de nouveaux ex ont surgi. Une hécatombe, Léo n'avait pas menti. Michel Delpech était sur toutes les lèvres. De célèbres paires cassaient, on comptait les dommages. Et aussi les intérêts. Dans le malheur, les people devenaient moins prêteurs. Leur vie privée se payait cash au tribunal, acheter un magazine à potins revenait à financer leur divorce. La rupture au marché noir.
Léo devait être sur les dents, d'autant, d'autant. La machine était en train de s'emballer, une bien curieuse concomitance. Divorce toujours, il n'y

avait pas que les Sarkozy, un couple de présentateurs télé déjà séparé à la télé se séparait aussi dans la vie, guère d'après Ken et Barbie. La Toile finit par tisser un lien, en surfant sur des œufs, le on-dit s'installait entre les lignes, on s'abritait derrière la presse étrangère, le net était téméraire mais quand même, on fermait les comments. La rumeur s'emballait à voix basse.

Seuls les humoristes s'en donnaient à cœur joie impunément. Ça ricanait lourdingue, la blonde portait le nom d'une belle voiture, Nicolas avait toujours aimé exhiber des marques, ah ah ah, bonne blague. Et, en l'occurrence, la blonde ne s'appelait pas Line Renaud, oh oh oh, trop rigolo.

Léo. Son nom s'inscrit sur mon portable.

– Oui, Léo ?

– T'es bien assise ? Je ne plaisante pas, installe-toi, tu risques de tomber sur le cul, c'est au-delà du réel. Devine avec qui est Sarkozy ?

– Il est avec celle qui attaque ceux qui disent qu'elle est avec lui mais qui ne dément pas. Il est avec Blondie ! (Léo ne répond rien, je viens de lui souffler son effet.)

– Raté, il est avec Bruni !

– Valéria ?

– Mais non, Valéria est avec le jeune Louis qui joue dans Les Chansons d'amour. Après Cécilia, Nicolas nous sort Carla !

– Manquait plus que ça. Mais qu'est-ce qu'elle a fait de ses quatre consonnes et trois voyelles ?

– Raphaël ? Comme elle avait fait avec son père Jean-Paul, poubelle. Le même sort que… (je l'entends prendre sa respiration) Mick, Louis, Vincent, Éric, Kevin, Laurent, Charles, Jean-Jacques, Léos, Arno, Denis, Donald, que les oubliés me pardonnent. Elle me coûte une fortune en forfait, la poubelle du quartier ! Quelqu'un m'a dit qu'elle n'était pas farouche !

– Tu me racontes n'importe quoi, Léo, je ne te crois pas.

– Pourquoi ?

– Parce que… parce que c'est grotesque tellement c'est gros !

En le disant, je réalisais que j'avais presque crié, cette histoire me mettait en rage. En même temps, je devinais ce que Léo allait me répondre. Et comme il savait que je savais, il préféra ne rien dire.

L'affaire nous laissait battus à plates coutures.

Effectivement, la présumée future deuxième première dame et troisième femme n'était pas précisément une première main. Elle avait surtout croqué des connus pour ceux non exhaustifs qu'on lui connaissait, l'ex-top n'était pas un modèle de vertu, après tout la belle faisait ce qu'elle voulait de son cul, aucun mal à se faire du bien, demandez donc à ses ex. Dans son sillage, un défilé de cœurs vaincus qu'elle avait brisés menu, certains y avaient cru à en casser leur couple légitime et s'étaient retrouvés à la rue, un risque à courir. Autant faire tapis au poker avec un 7 et un 2. Dépareillés. Une folie hors de prix. Les dépouillés mettaient plus ou moins de temps à se refaire, régulièrement recouverts en haut de la liste. Il ne manquait qu'une photo de groupe, comme à l'époque de Salut les copains.

Ainsi Nicolas Sarkozy prenait-il le chemin de Mick

Jagger, une telle promiscuité semblait aider à son bonheur. Le plus beau chez Carla était elle à son bras. Ses signes extérieurs de richesse s'en trouvaient enrichis, les Ray Ban aviateur, la Rolex Daytona acier sur fond noir délaissée pour un chronographe Vacheron Constantin, à moins que ce ne fût la Patek Philippe, terriblement bonbon, mais tellement mieux assortie à sa Bruni (86-61-89) qui la lui avait offerte. Laquelle paradait à son bras dans une chemise blanche siglée N.S. et posait son profil abandonné sur le dos présidentiel à bord d'une felouque voguant sur le Nil, le miracle de l'amour. Quand elle ne le regardait pas comme la 8e merveille du monde, vue dans les Ray Ban aviateur d'en face, elle se voyait faire.

Il venait de décrocher le cocotier, il la jouait à l'épate, le triple salto arrière du vainqueur au casino.

À les voir faire, je deviens vulgaire. Je les imagine au pieu, tant qu'à faire. Ne pense qu'à ça pour eux. Voit une bite entrer au Vatican avec Bigard derrière. Une bite qui salue Benoît XVI. Une bite qui évoque la chrétienté. Bruni la nuit et le Vatican la journée, on ne peut pas toujours contrôler l'agenda.

Elle, plus que parfaite. Une photo glacée en permanence, elle foule le tapis rouge de Cannes ad libitum. Elle a loupé les marches de l'investiture de quelques mois, on l'a loupée les gravissant Aurélien et Louis à chaque main et sa guitare dans le dos.

Elle est L'amoureuse magnifique avec tous les gestes qu'il faut comme dans les films. Une Cécilia une décennie en moins qui ne bouderait pas sa joie, ne retirerait pas sa main. Elle lui offre un boomerang jubilatoire, il aime C. le regard encore tourné vers C.

Comment font-ils l'un et l'autre pour passer comme ça de l'un de l'une à l'autre ? En nombre et en peu de temps, deux mois qu'il avait divorcé, des tas d'intimités qu'elle avait tutoyées. Ils avaient la cicatrice facile. Ou c'était moi l'hémophile. Chacun son sang, chacun son flux. Au bout de deux mois je n'aurais pas pu. Ou par hasard mais je n'en avais plus. Et je n'étais pas du genre à demander à Jacques Séguéla de m'organiser un dîner.

Ma France d'après, je m'organise. Je n'ai pas plus longtemps pu ignorer les panneaux : tu ne reviendras pas et Sarkozy est là pour cinq ans. Une peine qui peut monter jusqu'à dix, avec période de sûreté, la fermeté pour les récidivistes.
Il n'y a que le temps, ça peut prendre du temps.
Et vous, pendant ce temps-là.
Vous courez, tous les deux, chacun de votre côté, dans votre vie comme des dératés. Vous m'avez laissée sur place, dépassée, vous tracez, je vous suis à la trace par le trop-plein et par le vide. Deux indigestes, dans votre genre. Vous aviez démarré le même jour, des départs sur les chapeaux de roues. Je me souviens, c'est à ce moment-là que Norah a commencé à pleurer. Le 17 mai, c'était ma fête, il arrivait et tu partais.
Mon amour, les questions commencent à s'user à force de rester sans réponse, j'en suis à réaliser que la réponse ne compte pas. Trop peu est devenu plus, l'objet est perdu avant les un an et un jour.

J'écoute de nouvelles chansons d'amour. Je les écoute à fond la caisse, je tente de couvrir le brouhaha. Le bruit du bling est entêtant. Le soap sent le savon. Les belles ostentatoires s'en viennent et s'en vont. Les dialogues sonnent Dallas. Le buzz est épuisant, le show bizz à son max, les suites sont de luxe, l'argent brille comme de l'or. Ils veulent tout, ces gens-là, c'est même à ça qu'on les reconnaît, les décomplexés et leurs complexes d'avant qu'ils vous font payer. En plus, il faudrait qu'on les aime.

Tu aimes quelqu'un d'autre, mon amour. Ou déjà plus, je ne sais pas, après, tu n'y es plus. Je ne vais plus t'appeler mon amour, mon amour, ça commence à faire. Je ne vais plus t'appeler, je n'en ai plus l'occasion, ce serait trop long, mon chagrin d'amour sous Sarkozy.

Le Sarkozy continu continue. On n'en est qu'à la saison 1, déjà un divorce et un mariage, un gosse sur les épaules qui n'est pas Louis et qui se cache, un Louis qui s'est caché les yeux pour ne pas voir ça. Sous Sarkozy on verra d'autres chagrins d'amour.

Tu ne m'empêcheras pas de penser que tu aurais pu soigner la fin. Pour la beauté du geste.

À Cannes cette année le président s'appelle Sean Penn.
J'ai envie de voir Léo.

– C'est pour moi ?
– Non, c'est un paquet cadeau que je te montre et que je reprends tout de suite après !
Je libère le poster, rien d'autre de digne à faire.
– T'es con !
Il est con. Le baiser en immense. Mes potes Jude et Norah à la colle. Si je veux, je peux l'afficher à l'envers avec Jude Law à l'endroit. Et le bonnet vert de Norah Jones en bas. En un instant, je sais pourquoi la photo me transperce : le miracle de l'autre.
– Merci !
Je l'embrasse. Il se moque.
– Dis donc, j'ai eu un sacré mal à trouver l'affiche, elle n'a pas attiré les foules, ta tuerie sentimentale,

qu'est-ce que ça te fait d'être minoritaire, en plus, c'était ton premier film sous Sarkozy.

– Il va vivre sa vie.

– J'en ai bien peur.

– Non, je parle du film.

– T'as un gros feutre ?

Léo se penche sur l'affiche étalée sur le bar et écrit :

Le film n'est pas fini

Playlist pour chagrins d'amour

Benjamin Biolay	Mon amour m'a baisé
Cat Power	Breathless
REM	Everybody hurts (live)
Cali	Comme j'étais en vie
Jil Caplan	Finalement
Rufus Wainwright	Going to a town
Jacques Brel	Orly
Les chansons d'amour	La distance
Vanessa Paradis	Dès qu'on se voit
Rita Mitsouko	Les amants
Keren Ann	Lay your head down
Miossec	Je m'en vais
Coldplay	The scientist
Benjamin Biolay	Douloureux dedans
Alain Bashung	Aucun express

Merci à Katherine Pancol et Nicolas Rey
pour leur regard précieux.

Merci à Denis Jeambar d'y avoir cru.

Merci à Jude Law pour tout.

www.pascaleclark.com

RÉALISATION : PAO ÉDITIONS DU SEUIL
ACHEVÉ D'IMPRIMER PAR CORLET, IMPRIMEUR S.A.
14110 CONDÉ-SUR-NOIREAU
DÉPÔT LÉGAL : AVRIL 2008. N° 97691 (111883)
IMPRIMÉ EN FRANCE